세 상에 대하여
우리가
더잘 알아야 할
교양

57

지은이 소개

지은이 **김재명**

지난 20년 동안 국제분쟁 전문가로서 이 책의 주제인 시리아를 비롯한 중동 지역, 발칸반도, 서아프리카, 중남미, 동남아시아의 여러 분쟁지역을 취재 보도해왔다. 서울대학교에서 철학을 공부했고, 뉴욕시립대 국제정치학 박사과정을 거쳐 국민대학교에서 정치학박사를 받았다. 경향신문과 중앙일보 기자로 일했다. 지금은 인터넷 언론인 《프레시안》 국제분쟁전문기자로 일하면서, 성공회대학교 겸임교수로 학생들을 가르치고 있다. 지은 책으로는 《오늘의 세계분쟁》《눈물의 땅 팔레스타인》 등이 있다.

세 상에 대하여 우리가 더 잘 알아야 할 교양

김재명 지음

57

시리아 전쟁

21세기 지구촌의 최대 유혈분쟁

내인생의책

차례

※ 본문의 **굵은 글씨**로 표시된 단어는 175페이지 용어 설명에서 찾아보세요.

들어가며 : 전쟁에 휘말린 시리아 아이들을 떠올리며

2,400년 전 고대 그리스의 역사가 투키디데스는 그의 《펠로폰네소스 전쟁사》에서 이렇게 썼다. "전쟁은 일상적인 시민생활의 규범을 혼란 속으로 몰아넣을 뿐 아니라, 법과 정의의 이념을 제쳐놓고 우리 인간을 공격적이 되도록 만든다." 그리스 문명의 꽃을 피웠던 아테네 시민들이 전쟁의 광풍에 휩싸여 가는 모습을 지켜보면서, 투키디데스는 우리 인간의 폭력성에 깊은 절망감을 느꼈다.

투키디데스는 역사가 되풀이된다고 했지만, 고대 그리스 도시국가의 전쟁보다 더 폭력적이고 파괴적인 모습을 우리는 21세기의 여러 분쟁 지역에서 보아왔다. 이라크, 아프가니스탄, 이스라엘-팔레스타인, 아프리카 수단 다르푸르, 콩고…… 등등 한두 곳이 아니다. 시리아에서는 앞의 분쟁 지역들보다 더한 폭력이 저질러지고, 아이들을 비롯해 피눈물을 흘리는 사람들이 많이 생겨났다.

2011년 초부터 중동 지역에 불어 닥친 민주화 바람을 우리는 '아랍의 봄'이라 부른다. 그 민주화 열풍은 튀니지, 이집트, 리비아, 예멘의 오랜 **독재**자들을 권좌에서 끌어내렸다. 하지만 독재자가 2대에 걸쳐 **철권통치**로 다스려

온 시리아는 그렇지 못했다. 그곳 사람들은 몇 년째 혹독한 '아랍의 겨울'을 나고 있다.

2011년 3월 15일은 시리아의 주요 도시들에서 민주화 **시위**가 대규모로 벌어진 날이다. 독재자 바샤르 알 알아사드는 민주화를 요구하는 사람들을 마구잡이 포격과 총격으로 죽였다. 심지어 국제법상 금지된 화학무기도 썼다. 해마다 5만 명에서 7만 명쯤의 사망자가 생겨나, 지금껏 50만 명쯤의 사람들이 전쟁 통에 숨을 거두었다.

21세기 최악의 인도적 재난

시리아 전쟁은 21세기 최악의 인도적 재난으로 기록된다. 5백 60만 명이 넘는 **난민**이 안전한 곳을 찾아 국경을 넘었다. 미처 국경을 넘지 못한 시리아 피란민들도 6백 10만 명에 이른다. 시리아 전쟁이 터지기 전에 5백만 명이 넘는 대량 난민을 낸 민족은 유대인들로부터 쫓겨난 팔레스타인 민족 딱 하나였다. 지금 시리아는 지구상에서 팔레스타인 난민을 웃도는 최대 난민 배출 국가가 됐다.

전쟁이 여러 해 동안 이어지면서 시리아는 많은 소중한 것들을 잃었다. 그 옛날 인류 문명의 발상지의 하나인 메소포타미아 문명을 꽃피웠던 시리아의 본모습은 사라졌다. 환경도 크게 파괴됐다. 사람이 사는 집들은 물론 학교나 병원도 포격으로 무너져, 시리아 어딜 가나 온통 부서진 콘크리트 더미 등 전쟁 쓰레기로 넘쳐난다.

안타깝게도 **국제연합(UN)**을 비롯한 국제사회는 시리아의 참극을 끝장내질 못했다. 미국－러시아를 비롯한 강대국들, 사우디아라비아－이란－이스라엘을 비롯한 시리아 주변국들은 저마다의 이해관계를 저울질할 뿐, 시리아 전쟁을 끝내고 평화를 이루려는 노력을 기울이지 않았다. 그런 사이에 시리아의 전쟁 희생자와 난민의 숫자는 더욱 늘어만 갔다.

나는 전쟁이 터지기 전인 2007년과 2009년 두 차례 시리아 현지 취재를 다녀왔다. 전쟁 1년이 되던 해인 2012년 시리아로 취재를 떠났다. 하지만 국경 검문소에서 발길을 돌려야 했다. 시리아 관리들은 나의 여권을 꼼꼼히 살펴보고는 고개를 가로저었다. 이라크, 아프가니스탄, 팔레스타인, 레바논, 이란 그리고 인도-파키스탄 사이의 오랜 분쟁 지역인 카슈미르 등 유혈 분쟁을 겪은 지역들을 두루 다녀온 기록으로 미뤄, 입국을 허락해줄 수 없다고 했다.

그 뒤로 시리아에서 일어나는 일들을 뉴스로 들을 때마다 마음이 아팠다. 폭탄으로 무너진 콘크리트 더미에 깔려 있다가 간신히 목숨을 건진 아이들, 지중해를 건너 유럽 땅으로 가려다가 고무보트가 뒤집히는 바람에 차디찬 바다에 빠진 아이들…… 시리아의 비극을 전하는 뉴스들은 우리 모두를 우울하게 만든다.

시리아의 평화를 이루려면

제1차 세계대전 때 강제징집 당한 젊은이들은 4년 동안 이어진 전쟁에서 젊음을 송두리째 잃었다. 그들은 스스로 '잃어버린 세대(lost generation)'라 일컬었다. 지난 몇 년 동안 시리아 사람들은 아이, 학생, 어른 가릴 것 없이 모든 세대에 걸쳐 삶을 망쳤다. 전쟁이 터지기 전에는 비록 민주적인 정치체제를 누리진 못했어도 최소한의 평화로운 삶을 누렸었다. 이제는 시리아 사람들에게 평화로운 일상이란 아득한 옛날 얘기처럼 기억조차 흐려졌을 것이다.

지금 이 시간에도 시리아에선 많은 사람들이 전쟁의 광풍으로 고통받고 있다. 돌이켜 보면, 지금부터 60년쯤 전인 1960년대는 미국의 베트남전쟁 개입 반대 데모가 지구촌을 들끓게 했던 격동의 시대였다. 그런 시대를 고민하며 살았던 프랑스의 정치학자 레이몽 아롱은 "어지러운 시절은 (우리로 하여금) 생각을 깊이 하도록 만든다."고 말했다.

21세기를 사는 우리도 시리아 전쟁을 거울삼아 여러 생각을 하게 된다. 전쟁이 왜 끝임없이 일어나고, 누가 무엇을 위해 싸우는가, 전쟁은 누구에게 이득이 되는가, 세계는 왜 시리아와 같은 작은 나라에서 여러 해 동안 벌어지는 전쟁을 멈추도록 하지 못하는가?

18세기 독일 철학자 임마누엘 칸트는 "영구 평화는 무덤에서나 가능하다."고 했다. 지금 무덤 속에 누워있는 시리아의 평화를 일깨워내려면, 시리아 전쟁의 원인과 과정에 대해 먼저 알아야 한다. 이 책을 읽으면서 시리아 전쟁뿐 아니라 21세기 전쟁과 평화 그 자체에 대해 좀 더 관심을 갖고 함께 곰곰 생각해보는 작은 길잡이로 삼길 바란다.

1
CHAPTER

시리아 전쟁의 참혹한 현실

20세기 사람들은 동유럽의 발칸반도를 가리켜 '세계의 화약고'라 말한다. 발칸반도에 자리 잡은 보스니아의 수도 사라예보를 방문한 오스트리아-헝가리 제국의 황태자 부부가 폐결핵을 앓는 19살 세르비아 청년이 쏜 총에 맞아 숨을 거두자, 바로 그 암살 사건 때문에 한 달 뒤인 1914년 7월 제1차 세계대전이 터졌다. 그래서 '세계의 화약고'라 했다.

지금 우리가 사는 21세기의 '세계의 화약고'는 중동 지역이다. 이스라엘-팔레스타인, 이라크, 레바논 등 여러 나라에서 2000년 이후로 줄곧 유혈 분쟁이 일어나 많은 이들의 목숨을 앗아갔다. 그리고 지난 몇 년 사이에 가장 많은 희생자를 낸 곳이 중동 지역에 있는 시리아이다. 2011년 이후로 지금껏 전쟁은 그칠 줄 모르고 날마다 어디서 얼마의 사람이 죽고 다쳤다는 뉴스가 우리들에게 전해지고 있다. 처음엔 내전이었으나 지금은 여러 나라가 섞여 싸우는 국제전의 모습을 보인다.

2011년 '아랍의 봄'(이 책 제5장에서 자세히 다룸)이 쓰나미처럼 시리아로 몰려든 뒤, 시리아는 엄청난 전쟁의 불길에 휩싸였다. 시리아 거리가 처음부터 총격과 포연으로 뒤덮인 것은 아니다. 민주화와 개혁을 요구하는 평화적 시위가 바샤르 알아사드 정권의 강경 진압으로 희생자가 늘어나자, 끝내 본격적인 무장 충돌 양상으로 치달았다. 지금 시리아의 상황은 '민주화 혁명' 과정의 진통 차원을 넘어 '전쟁' 국면이다.

▌ 전쟁으로 파괴된 시리아 중부 도시 홈스의 구시가지. ©유니세프한국위원회 제공

"의사 선생님, 이번에는 당신 차례야"

돌이켜 보면, 역사의 격랑은 처음엔 아주 작은 것에서 비롯된다는 말은 시리아에서도 맞아떨어진다. 튀니지에서 동쪽으로 이웃 리비아, 이집트를 거쳐 시리아로 '아랍의 봄' 바람이 다가올 무렵인 2011년 2월 16일, 시리아 남부에 위치한 고대도시 다라에서 '사머르'란 이름을 지닌 14살 소년이 친구들과 함께 학교 담벼락에다 스프레이로 "의사 선생님, 이번에는 당신 차례야!"라고 썼다. 여기서 '의사 선생님'은 영국에서 안과 의사 교육을 받은 뒤 2000년 아버지 독재자 하페즈 알아사드의 뒤를 이어받은 바샤르 알아사드 대통령을 가리킨다.

다음 날 학교가 발칵 뒤집혔다. 신고를 받은 시리아 비밀경찰은 사머르를 비롯한 소년들을 찾아냈다. 문제는 소년들에게 누가 그런 짓을 하도록 시켰는지 배후를 밝혀낸다면서 고문을 했다는 점이다. 몇몇 소년들은 손가락을 잡아 뽑는 고문을 당했다. 그 고통이 얼마나 심했을지 상상하기도 어려운 끔찍한 일이다.

'함자 알 카티브'라는 이름의 소년은 고문을 당한 끝에 숨을 거두었다. 부모들이 함자 소년의 시신을 넘겨받아 살펴보니 얼굴과 온몸이 퉁퉁 부었고 여기저기 상처를 꿰맨 자국이 보였다. 그런 사실이 입소문을 타고 빠르게 퍼지자, 시리아 정부는 "함자 소년이 군 장교 부인들을 강간하려다가 잡혔다."고 터무니없는 주장을 폈다. 14살 소년이 어떻게 그런 나쁜 짓을 할 수 있을까. 독재 정권의 거짓 발표는 기름통에 불을 댕긴 것이나 다름없게 됐다.

함자와 함께 잡혀가 죽은 소년들이 더 늘어났다. 가뜩이나 아랍의 봄바람에 술렁대던 민심이 분노로 요동쳤다. 길거리에 모여든 사람들은 "이 사건으로 독재 정권의 추악한 얼굴이 드러났다. 전 세계 사람들에게 이런 끔찍한 사실을 알려야 한다."며 외쳤다. 급기야 3월 15일 수도 다마스쿠스를 비롯한 주요 도시에서 대규모 시위가 벌어졌다. 그들은 이렇게 외쳤다. "자기 나라 국민을 죽인 자는 조국을 배신한 반역자이다." 알아사드 대통령이 반역자라는 얘기였다.

생수와 장미꽃을 건넸으나

처음부터 시위가 폭력적이진 않았다. 일부 시위대는 시리아군인들에게 생수와 장미꽃을 건네주었다. 생수병에는 이런 메모 쪽지가 붙어있었다. "당신들도 우리의 형제입니다. 내가 당신이라면 평화 시위를 하는 사람에게 총을 쏘지 않을 겁니다." 꽃과 마실 물을 주는 사람에게 어떻게 총을 쏠 수가 있으랴. 차마 시민들에게 총을 겨누지 못하던 병사들도 많았으나, 장교들의 발사 명령을 끝까지 어기긴 어려웠을 것이다. 여기서 시리아 정부군 부대를 벗어나는 병사들이 많이 늘어난 까닭을 짐작할 수 있다. 그들은 탈영 이유를 묻는 사람들에게 이렇게 말하곤 한다.

"우린 입대할 때 국민을 지켜주겠다는 선서를 했다. 그런데 막상 그 반대로 국민을 죽이라는 명령이 내려졌다. 명령에 따르지 않는다면 우리가 지휘관에게 죽을 수밖에 없는 살벌한 나날을 견디기 어려웠다. 지금 시리아 정부군은 국민의 군대가 아니라 독재자의 군대로 타락했다."

사병뿐 아니라 장교들의 탈영도 늘어났다. 그들은 알아사드를 반대하는 시리아 정치 지도자들이 모여 만든 자유시리아군(Free Syria Army, 줄여 FSA)의 지휘관으로 신분을 바꾸었다. 하지만 시리아의 독재자 알아사드 대통령은 그들이 테러분자이고, 따라서 FSA를 비롯한 반군 조직은 테러 단체라고 깎아내렸다. 알아사드는 그가 통제하는 시리아 관용 언론들과의 인터뷰에서 이렇게 주장했다. "대부분의 시리아 사람들은 선량하다. 애국자들도 많다. 하지만 일부 테러분자들이 문제다. 그들이 시위대를 뒤에서 조종하고 있다. 시리아 정부에게 주어진 임무는 테러분자들을 제압해 국민의 생명과 안전을 지키는 것이다."

시위대를 테러분자로 몰아붙인 알아사드의 억지 주장을 들은 시리아 사람들은 "우리가 테러분자라고? 우린 꽃과 생수병을 들고 시위를 한 것뿐인

데…… 참 어이가 없네."라는 반응을 보였다. 어떤 이들은 이렇게 말했다.

"정부군이 쏘는 총탄에 맞서 싸우는 사람이 테러분자라면 시리아 사람 모두가 테러분자이다. 시민으로서 당연히 누려야 할 자유와 민주화를 요구하는 사람들을 독재정부가 테러분자라고 부른다면 우리 모두가 테러분자인 게 맞다."

여기서 잠시 테러의 정확한 개념에 대해 짚고 넘어가자. 정치학 사전에서 테러는 '정치적 폭력'이라 정의 내린다. 테러는 흔히 비국가 단체나 개인이 저지르는 정치적 폭력이라 여긴다. 이를테면 이스라엘의 억압에 저항하는 팔레스타인 사람들을 이스라엘 정부는 '테러분자'라고 몰아치곤 한다. 하지만 팔레스타인 사람들은 "우린 팔레스타인의 독립을 위해 이스라엘의 국가 테러에 맞서 싸울 뿐."이라고 주장한다.

정치학자들은 테러에 두 종류가 있다고 말한다. 개인이나 단체가 저지르는 테러 말고도 국가가 저지르는 테러가 있다는 것이다. 테러로 더욱 큰 희생을 낳는 것은 국가 테러. 제2차 세계대전 무렵 나치 독일의 독재자 히틀러가 저질렀던 국가 테러는 수백만 명의 유대인들을 죽음으로 몰아넣었다. 흔히 독재자들은 민주화를 요구하며 독재정부의 폭력에 맞서 저항하는 국민들을 가리켜 테러분자 또는 테러 집단으로 몰아붙이곤 한다. 시리아 사람들은 말한다.

"독재 정권에 맞서 싸우는 사람들을 테러분자라고 한다면, 자유와 민주화를 요구하는 사람들의 투쟁을 테러 행위라 한다면 그것은 테러를 잘못 이해한 것이다. 국민들을 폭압 정치로 불안에 떨게 하고 못살게 굴어온 독재자 알아사드야 말로 진짜 테러 왕초다."

"국민에게 총을 쏘다니······ 이게 나라냐?"

시리아의 거리에서 민주화를 요구하던 시민들이 정부군의 총격으로 죽어가는 일들이 늘어나자 젊은이들은 분노를 참지 못했다. "나라가 국민의 생명을 적으로부터 지켜주는 일을 하지 않고 오히려 자국민에게 총을 겨눠 죽이다니······ 이게 나라냐?"라고 외치며 맞서 싸우기 시작했다.

그 무렵 거리에 나온 많은 사람들이 시리아 국기를 흔들곤 했다. 붉은색, 검은색, 흰색의 3가지 색깔 바탕 위에 2개의 별과 함께 어우러진 국기는 애국심을 지닌 시리아 사람들이라면 매우 소중한 것이다. 독재자 알아사드는 시민들의 데모 행렬을 담은 화면을 뉴스로 내보내면서 엉뚱한 선전을 해댔다. "시리아 국기를 든 시민들이 알아사드 대통령을 지지하는 데모를 벌이고 있다."는 거짓 선전이었다. 그러자 시위대는 깃발 디자인을 바꾸었다. 독재자 알아사드의 선전에 이용당하지 않기 위해서였다. 1946년 프랑스로부터 독립할 무렵에 썼던 옛 국기로, 붉은색 대신에 초록색, 검은색, 흰색의 3가지 색깔 바탕 위에 별이 2개가 아닌 3개가 들어 있다.

알아사드 독재 정권은 민주화 요구를 들어주기는커녕 탄압으로 맞섰다. 많은 사람들이 거리에서 시위를 벌이다가 정부군에게 잡혀갔다. 나이 어린 소년들도, 아기를 임신한 여인도 붙들려 **수용소**에 갇혔다. 임신 7개월의 여인은 임산부임을 밝혔는데도 두들겨 맞은 탓에 끝내 유산하고 말았다.

수용소에 갇혀 있다가 어렵사리 풀려난 사람들의 증언에 따르면, 독재자의 **하수인**들은 갇힌 사람들을 남녀 가릴 것 없이, 나이가 많든 적든 마음에 드는 수용자에게 성폭력을 휘둘렀다고 한다. 한 여자 수감자는 "바로 내 눈 앞에서 친구들을 강간했어요. 알라(이슬람의 신)에게 맹세하건대 그때 그 일은 거짓말이 아니에요."라며 눈물을 흘렸다.

시리아 시민들에게는 독재자의 총보다 더 강력한 무기들이 있었다. 그것은 카메라와 휴대전화이었다. 정부군의 총격으로 희생된 사람들을 찍은 사진과 동영상은 시리아는 물론이고 전 세계로 퍼져나갔다. 시리아 정부에 비난이 쏟아졌고 저항은 더욱 거세졌다. 그럴수록 알아사드는 무력으로 시민들을 짓밟으려 했다. 끝내는 시리아에서 전쟁이 터졌다. 민주화를 외치며 거리에서 비폭력 평화 시위를 벌였던 사람들은 말한다.

"우린 처음부터 전쟁을 벌이려 하진 않았어요. 독재자 알아사드가 우릴 전쟁으로 내몬 거예요. 이렇게 잔혹하고 야만적인 지도자를 상대하려면 평화 시위만 갖고는 한계가 있어요. 나 자신과 우리 가족을 지켜야 하기 때문이지요."

많은 시민들이 기꺼이 반군에 들어가 싸웠다. 민주화 요구를 둘러싼 시리아 독재 정권의 강경 대응과 그에 맞선 무장 저항은 여러 해를 거듭하며 유혈 분쟁으로 이어졌다. 2011년 초 시리아 남부 작은 도시 다라에서 일어난 소년들의 죽음은 시리아 시민들에게 독재 정권에 맞서 싸우라는 메시지를 남긴 셈이었다.

사망자 50만 명? UN조차 집계 포기

지난 7년 동안 시리아에선 엄청난 숫자의 사람들이 죽고 다치고 집과 재산을 잃었다. 한 마디로 '21세기 초 지구촌이 맞닥뜨린 최대의 재앙'이라 할 만큼 많은 사람들이 피와 눈물을 흘렸다. 시리아 현주소가 얼마나 혼란스러운 상황인지는 통계 분야를 보면 금세 드러난다. 해마다 적게는 5만 명, 많게는 7만 명 이상의 사망자를 낳아온 것으로 추정될 뿐 전쟁 희생자의 정확한 통계조차 잡기가 어렵다. 국제사회의 중심인 국제연합(UN)조차도 2015년부터는 시리아 전쟁 희생자 집계를 포기한 상태다.

UN은 전쟁 3년째인 2014년 봄 전쟁 희생자 규모를 25만 명으로 잡았었다. 하지만 그 뒤 이슬람국가(IS)가 세력을 떨치며 시리아-이라크에 걸쳐 점령지역을 넓혀가면서 내전이 더욱 격화되고 중동 전역이 혼란에 빠지자, 통계 작업을 멈추었다. UN 시리아 특사 스테판 데 미스투라는 전쟁 5년째인

집중탐구 **독재자 알아사드의 '봉쇄 작전'**

2018년 유엔난민기구(UNHCR)가 펴낸 〈시리아 분쟁 7년〉 자료에 따르면, 전쟁이 터지기 전보다 식료품 가격이 8배나 올랐다. 이 때문에 시리아에 남아있는 사람들은 10명 가운데 7명꼴로 극빈층이나 다름없는 힘든 나날을 보내고 있다.

긴급 구호가 필요한 상황이지만 국제 구호기관의 손길이 닿기 쉽지 않다. 반군 지역의 경우 시리아 정부가 의도적으로 접근을 막고 있기 때문이다. 이른바 봉쇄 작전을 펴고 있는 것이다. 알아사드 대통령은 반정부 성향이 강한 지역에 생활필수품이 공급되지 못하도록 철저히 도시를 봉쇄하라는 명령을 내렸다. 반군 지역을 외부로부터 고립시켜야 그곳에서 활동하는 반군들이 식량과 의약품 부족으로 말미암아 저절로 무너질 것이라 내다봤다.

알아사드의 계산대로 시리아 여러 도시에서의 어려운 상황은 실제로 그렇게 흘러갔다. 2018년 3월 다마스쿠스 동쪽 반군장악 지역인 동구타(다마스쿠스 동쪽 도시)에 국제 구호차량들이 생필품을 싣고 들어간 것은 독재자 알아사드가 아주 드물게 보여준 '인도적 결단'이다.

2016년 봄 희생자 숫자를 40만 명쯤으로 잡았었다. 그러면서 40만이란 숫자는 UN 공식통계가 아닌 개인적 추정일 뿐이라 했다.

희생자 집계를 UN이 포기한 상황에서 그나마 참고할 자료가 있긴 하다. 영국 버밍햄에 있는 '시리아 인권 관측소'의 집계 자료다. 이에 따르면 시리아 전쟁 7년째인 2018년 3월 15일 기준으로 사망자가 51만 명에 이른다고 하지만, 어디까지나 추정치일 뿐이다.

일반적으로 전쟁 연구자들이 널리 합의하는 전쟁 개념의 양적 기준은 1년 동안 쌍방 사망자 1천 명이다. 시리아는 이 기준선을 분쟁 발생 첫해인 2011년에 이미 넘어섰고 2012년에서 2018년에 이르는 7년 동안 해마다 사망자가 1천 명을 훨씬 웃도는 '전쟁 중인 국가'가 됐다. 정확한 숫자는 누구도 알 수 없지만, 해마다 5만 명에서 7만 명의 희생자가 시리아에서 생겨난 것으로 추정된다.

국제분쟁 관련 통계로 이름이 널리 알려진 스웨덴 웁살라대학의 분석 자료 Uppsala Conflict Data Program에 따르면, 21세기 들어와 해마다 1년 동안 전쟁으로 목숨을 잃은 사람들 숫자는 4만 명을 넘기진 않았었다. 하지만 시리아 전쟁의 영향으로 2014년부터 1년 동안 전쟁 사망자가 10만 명을 넘어섰다. 시리아 한 군데에서만 1년 동안 전 세계 전쟁 사망자의 절반 이상이 생겨난 셈이다.

팔레스타인을 웃도는 난민 위기

전쟁은 난민을 낳는다. 시리아 난민 문제는 매우 심각한 수준이다. 유엔 난민기구(UNHCR)가 시리아 전쟁 7년을 맞아 3월 9일 발표한 〈시리아 분쟁 7

집중탐구 **시리아는 취재기자의 무덤**

시리아는 취재 기자를 포함한 언론인들의 무덤이기도 하다. 기자보호위원회(Committee to Protect Journalist, 약칭 CPJ) 자료에 따르면, 1992년부터 2018년 현재까지 시리아에서는 1,279명의 언론인이 목숨을 잃었다. 그 가운데 821명이 누군가가 언론인을 죽이려고 마음먹고 살해한 것으로 알려진다. 시리아 독재 정권이 비판적인 언론인들의 입에 재갈을 물리는 데 만족하지 않고 아예 목숨을 끊으려 조직적인 범죄를 저질러왔다는 것을 보여준다.

CPJ에 따르면, 2011년 내전이 터진 뒤로 시리아 전쟁 취재 과정에서 죽은 언론인은 최소한 116명에 이른다. 시리아의 혼란 상황을 떠올리면, 물론 일부 언론인들의 죽음이 이 집계에서 빠졌을 것으로 보인다. 내전이 터진 뒤로는 오히려 독재 정권의 보복에 따른 언론인 살해가 줄어들었다는 점은 그나마 다행이라고 해야 하겠으나, 116명이란 희생자 숫자도 전 세계적으로는 가장 많다.

년〉 문서에 따르면, 국경을 넘은 난민은 560만에 이른다. 시리아 내전의 심각성은 시리아가 세계 최대의 난민을 배출한 국가라는 점에서도 나타난다. 시리아 인구는 1천 8백만 명. 시리아 국민 3명 가운데 1명이 피란 보따리를 싸고 국경을 넘은 셈이다.

시리아에서 전쟁이 터지기 전까지만 해도 세계 최대의 난민은 팔레스타인 난민이었다. UNHCR이 해마다 세계난민의 상황을 집계해 발표하는 〈글로벌 동향보고서〉(Global Trends Report, 2017년 6월)에서 시리아 난민이 팔레스타인 난민 숫자를 넘어선 것은 2015년부터였다. 이 보고서는 세계 난민 숫자를 2,130만 명(2015년 말 기준)으로 발표하면서 △시리아 난민 550만 △팔레스타인 난민 520만 명이라 했다. 지난 1년 사이에 시리아 난민이 10만 명 더 늘어났다.

　시리아를 떠난 난민들이 안전한 정착지를 찾아 헤매며 겪는 고난은 말로 다 하기 힘들다. 지난 2015년 터키 해변에서 발견된 3살배기 아일란 쿠르디의 시신은 시리아 전쟁의 비극성을 새삼 일깨운 바 있다. 허술한 고무보트를 타고 건너 터키, 그리스, 이탈리아로 향하는 시리아 난민들이 지중해에서 빠져 죽었다는 소식은 너무나 자주 우리 귀에 들려온다.

　많은 시리아 난민들이 서유럽으로 떠나고 싶어 하지만 쉽지 않은 일이다. 어렵사리 목적지에 닿는다 해도 이들 난민을 따뜻이 반겨줄 이는 없다. 이미 1990년대 발칸반도의 보스니아와 코소보에서의 전쟁 때 난민 홍수를 겪은

▎시리아 난민들의 삶은 고달프다. 아이들은 맨발로 지낸다. ⓒ유니세프한국위원회 제공

바 있고, 리비아 등 아프리카 난민들로 머리가 아픈 서유럽 국가들이 이들 시리아 난민들을 흔쾌히 받아주지 않으려 한다. 유엔난민기구(UNHCR)는 시리아 난민들을 유럽 북부 지역 국가들로 이주시키는 계획을 마련했지만 당사국들의 태도는 미적지근하기만 하다.

▌시리아 국내에는 6백만 명이 넘은 사람들이 집을 떠나 어려운 삶을 이어가고 있다.
ⓒ유니세프한국위원회 제공

중동 지역의 시리아 주변 국가들에 머무는 시리아 난민들은 하루하루가 힘든 어려운 삶을 이어가고 있다. 유엔난민기구(UNHCR)이 시리아 이웃 나라인 레바논의 도시 지역에 머무는 시리아 난민 4만 명을 조사해보니, 3분의 2가 절대빈곤선을 밑도는 생활을 해 온 것으로 나타났다. UNHCR 자료에 따르면, 시리아 난민의 75%는 여성과 아이들이다. 일부 여성 난민들은 가족을 먹여 살리기 위해 길거리에서 몸을 팔고, 아이들은 구걸이나 벽돌 나르기 등 힘든 일을 한다. 중동의 이슬람 종교 자선단체들이 무슬림 형제애를 바탕으로 이들 난민들을 돕고자 하지만, 워낙 숫자가 많아 큰 도움을 주지 못하는 게 현실이다.

석기시대로 돌아간 시리아

▌시리아를 떠난 난민들이 모여 사는 레바논 난민촌. ©헬프시리아, 압둘 와합

국경을 넘은 전통적 의미의 난민(refugee)들과 구별되는 국내실향민(Internally Displaced Persons, 약칭 IDPs) 문제도 빼놓을 수 없다. 시리아 IDP 숫자는 610만 명으로, 전 세계 IDP 4,080만 명 가운데 가장 많다. IDP는 국경을 넘은 난민들의 고난 못지않은, 아니 국제구호기관의 도움도 받지 못해 더 어려운 상황에서 날마다 죽음의 공포에 떨어야 한다.

시리아 북부도시 알레포와 중부도시 하마, 홈스 그리고 수도인 다마스쿠스 주변은 정부군과 반군 사이의 뺏고 빼앗기는 격전을 거듭하면서 주거지가 크게 파괴됐다. 많은 도시민들은 거듭되는 포격전을 피해 지하실에서 어렵게 살아가거나 저마다 살길을 찾아 연고지를 찾아 지방으로 떠났다. 하지만 피란처라고 해서 내전의 불똥이 튀지 않을 이른바 '안전지역'이란 거의 없다. 기본적인 생필품이나 의약품은 바닥이 났다. 그야말로 한계상황에 내몰렸다.

여러 해를 거듭하며 이어진 전쟁으로 시리아는 문명국가의 모습을 잃었다. 인류 문명의 발상지의 하나인 메소포타미아 문명을 꽃피웠던 시리아의 본모습은 사라졌다. 많은 시설물들이 파괴되었기에 시리아가 **석기시대**로 되

▌여러 해째 이어진 전쟁은 시리아를 석기시대로 되돌렸다.
피해 상황을 살펴보는 유엔 차량 행렬 ©유니세프한국위원회 제공

돌아갔다는 말까지 들린다. 국제사회가 머뭇거리는 사이에 일어난 일들이다. 2011년 '아랍의 봄' 바람을 타고 벌어진 유혈 갈등 속에 죽음을 일상적으로 목격해온 시리아 시민들은 지금의 고통스러운 극한상황인 '아랍의 겨울'에서 벗어나기만 간절히 바라고 있다.

어른들의 전쟁에 희생되는 아이들

지금 지구상에는 적지 않은 숫자의 아이들이 어른들의 전쟁 탓에 힘든 나날을 보내고 있다. 전쟁이나 재난 등으로 고통받는 아이를 돕기 위해 국제연합(UN)이 세운 국제기구가 유니세프(UNICEF, 국제아동기금)다. 유니세프에서 만든 〈2017 인도주의 보고서〉에 따르면, 전 세계의 아이 4명 가운데 1명이 전쟁, 자연재해, 가난, 영양실조 등으로 고통받고 있다. 어른들이 일으킨 전쟁은 한창 자라나는 나이에 마땅히 누려야 할 권리를 제대로 누리지 못하도록 만든다.

6월 1일은 세계 아동의 날이다 이 날을 맞아 세이브더칠드런(Save the Children)이 발표한 〈2017년 세계 아동기 보고서〉에 따르면 5번째 생일을 맞기 전에 사망하는 아이가 하루에 1만 6천 명이 넘는다고 한다. 아울러 이 보고서는 전 세계 곳곳에서 일어나는 분쟁으로 말미암아 아이 80명 가운데 1명이 집을 떠나는 난민이라 밝힌다. 그 숫자는 1천만 명에 이른다. 이들 가운데는 시리아 아이들이 많이 포함돼 있다.

'시리아의 비가(Cries from Syria)'

시리아 전쟁이 여러 해를 끌면서 정부군—반군 사이에 치열한 시가전을 벌이는 지역이 늘어났다. 정부군은 반군 지역을 포위하고 그곳으로 들어가는 식량이나 생활필수품을 막고 있다. 이를 가리켜 '봉쇄 작전'이라 부른다. 그러면 돈이 있어도 식량을 구할 수가 없다. 아이들이 비쩍 마른 채로 시름시름 앓다가 죽어간다.

러시아계 미국인 영화감독인 이브게니 아피네예브스키가 만든 다큐멘터리 '시리아의 비가(Cries from Syria, 2017년)'는 시리아 정부군에 포위돼 오도 가도 못하고 고통받는 아이들의 힘든 나날을 생생하게 보여준다.

"하루 이틀 내내 아무것도 먹지 못하고 굶을 때가 있었고, 너무 배가 고파서 잠도 안 왔어요. 한 번도 배부르게 먹은 적이 없어요."

"일주일 동안 아무것도 못 먹었어요."

"옆집에 사는 애가 말했어요. '나뭇잎을 먹어봐. 맛있어. 꼭 과자 같아.'라고요."

"혹시 썩은 빵이라도 있는지 바닥을 훑으며 돌아다녀요. 쓰레기통을 뒤질 때도 있어요."

"굶어 죽은 사람도 있어요. 너무 배고파서 잠들었다가 일어나지 못했대요."

이 다큐에 나오는 한 의사는 '압둘'이라는 이름의 죽은 아이 가까이에서 이렇게 말한다. "이 아이는 굶어 죽었습니다. 한 달 반 동안 도시가 봉쇄돼 있었기 때문입니다." 그 의사는 식량 부족으로 모든 사람이 다 힘들지만, 특히 아이와 노인, 여성 등 신체적으로 허약한 사람들에게서 극심한 영양실조 현상이 많이 나타난다고 안타까워했다.

다큐에 나오는 어느 시리아 부모는 비쩍 마른 아이를 보며 말을 제대로 잇지 못한다.

"서서히 굶어 죽은 아이들의 모습이 어떨지 전에는 상상조차 못 했어요. 그런데 바로 내 눈 앞에서 우리 집 아이들이 영양실조에 걸려 죽어가고 있어요. 자식이 죽어가는 모습을 바라보는 부모의 마음은 아파도 너무너무 아프답니다."

12살 소녀 라하프는 배를 곯다가 죽을지도 모르겠다는 생각이 들어 유서까지 쓰게 됐다. 다큐 속 소녀가 전하는 유서의 내용은 슬픔으로 가득 차 있다.

"엄마, 부디 저를 잊어버리지 마세요. 밤마다 제 이불을 펴주시고 제가 웃고 있던 모습을 기억해주세요. 언니, 내 친구들에게 내가 굶어죽었다고 전해줘. 그리고 오빠, 우리가 함께 배고팠던 때를 잊지 마. 죽음의 천사여! 이제 제 영혼을 데려가 주세요. 천국에 가면 배불리 먹을 수 있을 거예요."

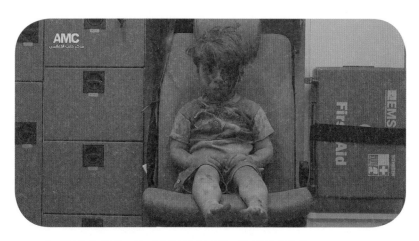

▍ 포격으로 무너진 콘크리트 더미에서 구출된 아이. ©'시리아의 비가' 다큐

전쟁 중에 태어난 아이들

시리아 아이들에게도 전쟁은 무시무시한 괴물로 다가온다. 낮과 밤을 가리지 않고 들려오는 총소리, 포격소리에 그곳 아이들은 전쟁의 공포를 온몸으로 느끼며 살아가고 있다. 전쟁으로 10만 명이 넘는 아이들이 죽었고, 수백만 명의 아이들이 정든 땅을 떠나 난민으로서 어렵게 살아가고 있다.

전쟁이 오래 끌면서 많은 아이들은 전쟁 상황이 곧 그들의 삶이 됐다. 유니세프(UNICEF)가 시리아 전쟁 5주년을 맞아 내놓은 〈시리아 내전 5주년 – 갈 곳을 잃은 아이들〉 보고서에 따르면, 시리아 아이 3명 가운데 1명은 2011년부터 시작된 전쟁 중에 태어났다. 숫자로는 약 370만 명에 이른다. 이 아이들은 태어나면서부터 걸핏하면 총소리를 들어야 하고 포격으로 집이 무너질지 모르는 위험한 상황에서 하루하루를 보내왔다.

시리아 아이들은 부모가 죽거나 다쳐 가족과 떨어져 지내야 하는 아픔을 겪기도 한다. 전쟁의 혼란 속에 부모 또는 보호자와 헤어진 아이들 1만 5천 명이 시리아 국경을 혼자 넘어야 했다. 유니세프는 시리아 전체 아이의 80% 가량인 840만 명이 시리아 안에서 또는 이웃 국가에서 난민으로 살면서 어려운 나날을 보내고 있다고 전한다. 이 가운데 약 700만 명의 아이가 가난에 시달리며 어려운 어린 시절을 보내고 있는 중이다.

적지 않은 시리아 아이들이 학교를 그만두고 소년병으로서 직접 전투 현장에 뛰어들기도 한다. 전쟁 초기에는 15세에서 17세 사이의 소년들이 무기를 옮기고 보초를 서는 등 어른 반군들을 돕는 보조원 역할을 했다. 하지만 전쟁이 오래 끌면서 나이 어린 소년들조차 초보적인 군사훈련을 받고 전투에 뛰어드는 경우도 늘어났다.

유니세프에 따르면, 전쟁 초기에는 15살 아래의 어린 군인들이 5명 가운데 1명꼴이었으나 2015년부터는 절반 이상으로 늘어났다고 한다. 부상병들을 돌보고 안전지대로 옮기는 등 힘들고 위험한 일들도 소년병들이 하고 있다. 전쟁이 시리아 아이들의 동심을 앗아가고 그들의 얼굴에서 아이다운 해맑은 웃음을 지워버린 셈이다.

▌ 공습을 피해 동굴에서 공부하는 시리아 아이들. ⓒ유니세프한국위원회 제공

시리아 아이들은 전쟁으로 정상적인 교육을 받을 기회조차 빼앗겼다. 유니세프에 따르면, 시리아 난민 가운데 학교를 다녀야 할 연령층 170만 명 가운데 43%가 아예 학교 공부를 하지 못한다. 시리아 국내에 남은 아이들도

사정은 크게 다르지 않다. 시리아 학교 3개 가운데 1개가 포격으로 파괴된 상태다. 건물이 멀쩡히 남아있더라도 정상 수업이 어려워 문을 닫았다. 학교 문이 열려 있다 하더라도, 가족이 생존의 벼랑에 내몰려 무엇이든 일을 해 생계를 도와야 하기에 공부할 엄두를 내기 어렵다.

전쟁이 끝나 예전의 모습으로 돌아가려면 엄청난 시간과 복구 비용이 들 것이다. 시리아 전쟁 4년째를 맞던 2015년 3월, 아이를 돕는 구호단체인 세이브더칠드런(Save the Children)은 시리아 아이들의 교육 중단을 걱정하면서 〈전쟁의 비용〉(The Cost of War)이란 이름의 보고서를 냈다. 이에 따르면, 전쟁으로 무너지거나 파괴된 학교 시설을 복구하려면 30억 달러가 들 것으로 내다봤다. 그로부터 여러 해가 지났으니 비용은 더 늘어날 것임은 말할 나위 없다.

일찍 결혼하는 소녀들

전쟁의 피해와 관련돼 잘 알려지지 않은 슬픈 이야기들이 있다. 어린 나이에 결혼(조혼)하는 아이들이 많이 늘어났다는 사실이다. 유니세프의 보고서는 어른들에게 결혼을 강요받는 여자 아이들이 전쟁 전보다 2.6배나 늘어난 상황을 걱정한다. 세이브더칠드런(Save the Children)이 조사한 바에 따르면, 2012년 요르단에서 결혼한 시리아 소녀 가운데 48%가 자신보다 10살 이상 나이가 많은 남성과 결혼한 것으로 알려진다.

일찍 결혼한 소녀들은 남편과 가정을 돌보거나 임신, 육아를 위해 학교를 그만 두기 십상이다. 이 경우 교육 받을 기회를 잃을 뿐 아니라 또래 친구들과의 관계도 줄어들거나 아예 없어져 사회적으로 고립되는 결과를 낳는다. 적지 않은 숫자의 시리아 여자아이들이 너무 일찍 결혼하도록 강요받고 있는 현실은 시리아 전쟁의 비극적인 상황을 잘 비춰준다.

그렇다면 시리아 소녀들은 왜 그리 일찍 결혼을 할까. 그 이유를 살펴보면, 첫째는 빈곤, 둘째는 성폭력에 대한 두려움 탓이 크다. 부모가 난민이 되면서 가족을 먹여 살리기 어려운 상황에서 어린 딸을 결혼시키는 일이 많아졌다. 또한 전쟁의 혼란 속에 강간을 비롯한 성폭력 사건들이 많이 일어남에 따라 부모들은 딸의 안전을 지켜주려고 일찍 결혼시키는 것이다. 시리아에서 요르단으로 피란 와서 난민 캠프에 살고 있는 소녀 마하는 이렇게 말한다.

"저는 13살이에요. 아직 어리지만 결혼했어요. 아버지가 저를 강간이나 성폭력으로부터 보호하기 위해 결혼시키셨어요."

전쟁 상황에서는 국가가 그 나라 국민을 안전하게 지켜주기가 어렵다. 치안 기능이 떨어져 범죄자들이 판을 치며 돌아다닌다. 사람의 목숨이 휴지처럼 가볍게 여겨지기 십상이다. 성폭력도 마구 저질러진다. 소녀 마하의 말대로 마하의 부모는 딸을 강간이나 성폭력으로부터 지켜내려면 결혼을 시켜야 한다고 생각했을 것이다. 가난도 작용한다. 집안에 먹을거리가 넉넉하지 않으므로 딸을 시집보내 한 입이라도 덜어내려 할 수도 있다.

난민수용소도 안전하지 않아

피란 보따리를 싸고 전쟁 지역을 떠나 국경을 어렵사리 넘어서 난민수용소에 들어왔다고 안전할까. 그렇지 않다. 그곳도 안심할 수는 없다. 난민수용소는 현대 전쟁이 그려내는 우울한 초상화 가운데 하나다. 난민수용소 안으로 들어서면, 우리는 그곳 사람들이 대부분 여성과 아이 그리고 노인들임을 알게 된다.

유엔난민기구(UNHCR) 자료에 따르면, 난민들 가운데 여성과 아이들의 비율이 75%에 이르며, 어떤 경우엔 90%에 이른다. 많은 성인남자들이 군대에 징집되거나, 전선에서 죽임을 당했기에 수용소 안에서 남성 비율은 그만큼 줄어든다. 필자가 시에라리온, 발칸반도의 코소보와 보스니아 난민수용소에서 만난 사람들도 성인 남자들보다는 아이와 여자들이 훨씬 많았다.

난민수용소가 여성에게 안전한 곳은 결코 아니다. 힘센 동물이 약한 동물을 지배하는 밀림의 법칙이 통하는 곳이 바로 난민수용소다. 전란을 피해 난민수용소로 오기까지 온갖 고초를 겪은 여성들은 수용소 안에서 또 다른 전쟁의 공포를 겪기 마련이다. 많은 경우 난민수용소 여성들은 그곳을 지배하는 힘센 자들의 성폭력에 희생당한다. 그 혼란 속의 눈물과 희생은 고스란히 약자인 여성들의 몫이기 십상이다.

난민을 돕는 국제기구인 UNHCR은 난민 여성들의 인권을 지키기 위해 애써왔다. 하지만 난민수용소처럼 사나운 맹수가 지배하는 정글의 법칙이 통하는 곳에서 약자인 여성의 안전이 100% 지켜지길 바라기란 어려운 일이다.

시리아 난민들의 경우도 마찬가지다. 난민수용소에서 딸이 힘센 어른에게 강간을 당하는 일이 생기기 전에 미리미리 일찍 시집을 보내려 한다. 심지어는 성폭력을 당해 훌쩍이는 딸을 도닥이다가도, 가족의 '명예'를 지키려고 가해자와 결혼시키는 경우도 있다. 결국 성폭력과 조혼으로 비롯되는 고통은 오로지 어린 여자 혼자 짊어지게 된다.

일찍 결혼한 소녀가 경제적인 능력이 있는 나이 많은 남편으로부터 사랑을 받으며 행복하게 살면 좋은 일이다. 하지만 그 반대의 경우로 가정폭력의 피해자가 될 가능성이 없지 않다. 빈곤 또는 성폭력의 두려움에 쫓겨 부모들이 어린 딸의 결혼을 서두르다 보니 결혼 뒤 소녀들은 성의 착취나 성적인 학대를 받을 위험이 커진다. 또한 이른 나이의 결혼과 임신은 소녀들의 신체 건강과 정서에 큰 위험을 가져올 수 있다. 아직 신체가 성숙하지 않고 성에 대한 이해가 부족한 탓이다. 분쟁 지역에서 10대 여자 아이들의 이른 임신과 출산은 주요 사망 원인의 하나로 꼽힌다. 15살이 되기 전에 임신한 여자 아이의 사망률은 성인 임산부에 비해 5배나 높다고 한다.

전쟁이 일상이 돼버린 6살 아이

▌ 레바논 난민촌의 아이들.
ⓒ헬프시리아, 압둘 와합

이렇듯 시리아 전쟁은 감수성이 예민한 아이들에게 큰 영향을 미치고 있다. 태어나면서부터 전쟁의 포화 소리를 들으며 자라난다면 정신 건강에도 나쁜 영향을 받기 마련이다. 늘 전쟁과 죽음의 두려움에 시달려 왔기에, '평화'라는 것이 어떤 상태인지를 모를 수밖에 없다. 시리아 전쟁이 6년째 되던 해인 지난 2017년, 유니세프(UNICEF) 홈페이지에 올랐던 아래와 같은 글 하나가 가슴에 깊이 와 닿는다.

"여섯 살 무하마드에게 전쟁은 일상입니다. 전쟁이 이어진 지 6년째, 무하마드는 태어나서 지금까지 폐허와 폭격으로 상처 입은 사람들만을 보았을 뿐, 평화로운 일상을 누려본 적이 없습니다. 매 순간 언제 어디서 떨어질지 모르는 폭격으로 아이들은 두려움에 떨고, 폭력과 인신매매 등 범죄에 노출되기도 합니다. 시리아 아이들의 시간에는 두려움과 공포만이 가득합니다."

▌ 폭격으로 무너진 건물 앞에서 이동 병원을 차리고 구호활동을 펴는 유니세프.
　©유니세프한국위원회 제공

3

CHAPTER

시리아의 얼룩진 현대사

여러 해 동안 전쟁을 치르며 21세기 들어 가장 많은 희생자를 내 온 시리아는 어떤 나라일까? 이 나라의 정식 명칭은 시리아 아랍공화국(Syrian Arab Republic)이다. 1946년 프랑스로부터 독립했으니, 1948년 정부를 세운 대한민국과 비슷한 시기에 독립국으로 출발한 셈이다. 하지만 시리아가 걸어온 발자취를 거슬러 올라가 보면, 메소포타미아 문명의 중심지라는 표현이 나타내듯 한반도보다 훨씬 그 역사가 오래된 편이다.

▌ 고대유적지 팔미라는 시리아가 문명국가였음을 보여준다. ©김재명

흔히 시리아를 가리켜 중동 국가의 하나로 부르지만, 지리적인 위치로는 서남아시아에 자리 잡고 있다. 서쪽엔 레바논, 동쪽에는 이라크, 북쪽에는 터키, 남쪽에는 요르단 그리고 남서쪽에는 이스라엘이 국경을 맞대고 있다. 여러 차례 전쟁을 벌여온 이스라엘과는 외교 관계가 없는 적대적인 상태로 지금까지도 군사적 긴장을 이어가는 중이다.

시리아란 이름은 옛날 이 지역에서 세력을 떨쳤던 국가의 하나인 아시리아에서 비롯된다.

메소포타미아 문명이 꽃피운 곳으로 잘 알려진 시리아의 수도 다마스쿠스는 7천 년 전부터 사람들이 모여 살았던 곳으로 인류 역사에서 가장 오래된

▌ 중세 십자군 전쟁 때 전투가 벌어졌던 알레포 성채. ©김재명

도시 가운데 하나로 꼽힌다. 하지만 다마스쿠스를 지배한 민족은 한둘이 아니다. 알렉산더가 이끈 그리스군의 침략을 받아 정복당했고, 그 뒤로는 로마제국의 지배를 받았다. 4세기 말 로마가 동로마-서로마로 나뉘면서 동로마제국의 영토가 됐다가, 그 뒤로 이슬람 세력이 커지면서 그 지배 아래 들어갔다. 1516년부터 1918년까지 약 4백 년 동안 오스만제국이 시리아를 다스렸다. 지배자가 바뀔 때마다 전쟁으로 많은 사람들이 죽었음은 말할 나위 없다. .

프랑스의 교활한 식민 통치술

20세기 들어와 시리아의 운명은 또다시 요동쳤다. 제1차 세계대전(1914-1918년)에서 오스만제국이 패전국이 되면서 시리아의 지배자는 프랑스로 바뀌었다. 영국과 프랑스가 제1차 세계대전 중에 비밀리에 맺은 '사이크스-피코 협정'에 따른 것이었다.

19세기 말부터 20세기 전반부에 걸쳐 서양의 강대국들이 아시아나 아프리카의 **식민지** 이권을 어떻게 나누어 가질 것인가를 두고 비밀리에 합의한 경우가 많았다. 아프리카 대륙의 국가들 경계선이 일직선으로 그어진 것도 그런 비밀 합의 때문이다. 협상 테이블 위에 지도를 갖다놓고 직선으로 경계선을 긋는 순간, 그 지역에 수천 년 동안 살아온 현지 주민들의 운명이 통째로 바뀌는 것이다.

한곳에서 오랫동안 함께 살아온 민족이나 부족 공동체가 일직선으로 그어진 국경선 때문에 나누어졌다. 이는 나중에 큰 문제를 낳았다. 제2차 세계대전 뒤 식민지에서 독립한 뒤 아시아-아프리카의 많은 지역에서 전쟁이 터진 데엔 이렇게 국경선이 잘못 그어진 원인도 한몫했다. 일본군의 무장 해제를 명분으로 한반도 남북에 미군과 소련군이 들어와 38선이 그어진 뒤, 6.25 전쟁이 터진 것과 같은 맥락이다. 결국 강대국들이 약소국의 분쟁에 원인을 제공했고 전쟁의 씨앗을 뿌렸다는 비판을 받아 마땅하다.

시리아도 마찬가지였다. 시리아는 여러 부족, 종파, 계층, 도시들 사이의 알력으로 말미암아 하나의 시리아라 말하기엔 이질적인 요소가 섞여 갈등을 빚어온 사회였다. 시리아 지도를 보면 북부 중심도시는 알레포고, 남부 중심 도시는 다마스쿠스다. 수도는 다마스쿠스지만, 알레포는 다마스쿠스보다 인구가 훨씬 많은 대도시다.

두 도시에 사는 사람들의 종교나 문화, 정서도 차이가 있다. 이를테면 다마스쿠스 시민들은 이집트 사람들에게 호감을 보이지만, 알레포 시민들은 이라크에 더 친밀감을 느낀다. 시리아의 각 지역도 서로의 특색이 다르고 정서도 다르다. 한반도로 치면 서울과 평양이 서로 다르고, 부산과 광주가 서로 다른 것과 마찬가지다.

프랑스는 시리아 통치를 보다 쉽게 하려고 교묘한 분할 통치술을 폈다. 분할 통치란 강대국들이 식민지 안의 여러 종파, 종족 사이의 분열과 갈등을 부추기고 키움으로써 식민 통치를 편하게 하려는 교활한 술책이다. 프랑스 정부는 시리아 사람들의 반대를 무릅쓰고 원래는 시리아에 속했던 트리폴리, 시돈, 베카계곡을 떼어 내어 '레바논'이란 새로운 국가를 만들었다. 레바논은 프랑스 분할통치의 산물인 셈이다. 시리아 사람들은 지금도 마음속으론 레바논이 시리아 땅이라 여긴다. 레바논 사람들은 시리아 전쟁이 오래 끌면서 난민들이 몰려들고 정치사회적 불안을 일으키기에 신경이 예민해질 수밖에 없다.

▍제1차 세계대전 뒤 프랑스는 시리아로부터 레바논을 분리 통치했다.
시리아 사태로 비상이 걸린 레바논 정부군 병사들. ⓒ김재명

프랑스는 시리아의 지식인들이 통일된 교육 제도를 만들려는 움직임도
막아섰다. 그렇기에 1946년 시리아가 프랑스로부터 독립할 무렵엔 하나로 뭉
친 민족국가의 모습은커녕 지역별, 종파별로 모래알처럼 분열된 시리아만 남
았다. 앞서 살펴보았듯이 수도 다마스쿠스와 인구로는 제1도시인 알레포는
서로를 싫어했고, 시리아라는 한 울타리 안에서 응집력 있는 정치공동체를 이
루기 어려웠다. 프랑스의 교활한 분할 통치는 그 뒤 시리아에서 벌어진 잇단
쿠데타와 내전의 씨앗을 뿌린 셈이나 다름없다.

사이크스-피코 협정

　제1차 세계대전(1914-1918년)이 한창 벌어지던 1916년 영국과 프랑스는 '사이크스-피코 협정'이란 비밀 협정을 맺었다. 영국 외교관 마크 사이크스와 프랑스 외교관 프랑수아 조르주 피코의 이름을 따서 붙인 이 비밀 협정(정식 명칭은 소아시아 협정)은 전쟁이 끝나 오스만 터키가 패배할 경우 중동 지역을 영국과 프랑스가 어떻게 나누어 가질 것인가를 다룬 비밀 협정이었다. 이 비밀 협정에 따라, 대영제국은 팔레스타인과 이라크를, 프랑스는 시리아와 레바논을 나눠 갖기로 뜻을 모았다.

　사이크스-피코 협정은 제1차 세계대전에서 영국-프랑스 연합군이 독일-오스만터키 동맹국 군대를 누르고 전쟁에서 승리해야 한다는 단서를 깔고 있었다. 실제로 오스만 터키가 패전국이 되면서, 시리아는 그 비밀 협정대로 프랑스의 지배 아래 들어갔다. 제1차 세계대전 뒤 출범한 국제기구인 국제연맹(제2차 세계대전 뒤 출범한 국제연합 UN의 전신)에서 통치를 위임 받았다(이른바 위임통치령) 하지만, 사실상 프랑스는 시리아를 식민지로 차지한 셈이나 다름없었다.

시리아 사람들의 저항

　시리아 사람들은 아랍어를 쓰는 아랍 사람들이 대부분이다. 4백 년 동안 시리아를 다스렸던 오스만제국은 언어가 터키어로 아랍어와는 다르고, 민족도 아랍족이 아닌 터키족이었다. 새로운 지배자 프랑스를 시리아 사람들은 어떻게 여겼을까. 시리아를 가보면 나이 많으신 어른들은 아랍어와 함께 프랑스 말들을 한다. 일제 식민지 35년 거치면서 한국의 노인 분들이 일본어를 하시는 것과 마찬가지다. 시리아 사람들은 프랑스의 통치를 순순히 기쁜 마음으로 받아들였을까. 결코 아니다.

어딜 가나 식민지 본국인 외세에 빌붙어 먹고 살려는 부류가 있다. 한국 사람들은 그들을 친일파라 불렀고, 시리아 사람들은 친불파라 불렀다. 우리 한국인들도 그랬듯이 대다수 시리아 사람들은 외국 지배자인 프랑스 사람들을 싫어했다. 시리아 지도자들이 종파별로 또는 지역별로 나뉘어 서로 으르렁대는 바람에 시리아 다수 국민들의 신망을 얻지 못했지만, 그래도 힘을 합쳐 프랑스의 통치에 맞서 무장투쟁을 벌이기도 했다. 한국의 독립을 위해 만주에서 독립군이 투쟁한 것과 마찬가지다.

1925년 프랑스의 **위임통치**에 맞서 봉기가 일어나 프랑스 사람들이 죽고 다치는 일들이 늘어나자, 프랑스는 이에 대한 보복으로 다마스쿠스의 오랜 유적지를 비행기로 공격했다. 오늘날 다마스쿠스를 가보면 일부 유적들이 심하게 훼손된 것을 볼 수 있다. 로마군이나 오스만군이 시리아를 침공하면서 이곳에서 전쟁을 벌인 탓도 있지만, 20세기 전반기 프랑스의 공습도 다마스

▌ 다마스쿠스 군사박물관으로 바람쐬러 온 시리아 사람들. ©김재명

쿠스의 유적 파괴에 한몫했다. 시리아 사람들의 저항은 그 뒤로도 간헐적으로 일어났다. 시리아가 프랑스의 지배로부터 완전히 벗어난 때는 제2차 세계대전이 끝나고 1년 뒤인 1946년이다.

집중탐구 시리아의 정치적 실험, 통일아랍·공화국(1958-1961년)

프랑스 지배로부터 벗어난 뒤 잇단 쿠데타와 정치적 불안 속에서도 시리아는 한때는 이집트와 더불어 아랍민족주의의 중심부에 있었다. 이집트와 함께 '통일아랍공화국'(1958-1961년)이란 정치적 통합체를 이루었다. 1958년의 일이다. 같은 언어(아랍어)와 종교(이슬람교)라는 문화적 공통점 아래 아랍민족주의라는 깃발 아래 두 개의 국가를 하나의 정치적 연합체로 묶어냈다.

아랍민족주의를 내세우며 단일 아랍 국가를 만들겠다는 목표를 지닌 '통일아랍공화국'은 중동 지역 국가들이 옛날처럼 하나의 국가로 뭉쳐야 한다는 정서를 바탕으로 만들어졌다. 그러나 통일아랍공화국의 정치적 실험은 두 국가 사이의 갈등 속에 실패로 돌아갔다. 시리아와 이집트 사이에 어느 쪽이 주도권을 쥐고 정치통합체를 끌고 가느냐를 두고 두 나라 사이에 갈등이 커졌다.

당시 이집트를 다스리던 가말 압둘 나세르 대통령(1952년 군부 쿠데타로 집권. 1918-1979년)은 중동을 대표하는 세계적 지도자로 스스로를 평가하고 있었다. 따라서 시리아를 자신의 지도력 아래 끌어가려 했다. 하지만 시리아 쪽 생각은 달랐다. 그런 뒤숭숭한 분위기 아래 1961년 시리아에서 쿠데타가 다시 일어나면서 '통일아랍공화국'은 해체됐다. 시리아—이집트 두 나라의 연합 공화국은 중동에서 하나의 커다란 정치적 실험이었지만, 실패로 막을 내렸다.

잇단 쿠데타의 최후 승자, 아버지 독재자 하페즈

돌이켜 보면 시리아의 현대사는 굴곡진 중동 현대사의 한 페이지를 차지한다. 앞에서 시리아가 국내적으로 부족, 계층, 종파, 지역 등 여러 측면에서 서로 다른 이질적인 요소들 탓에 분열된 사회라는 점을 짚었다. 1946년 독립 뒤 시리아는 하나로 응집력 있는 정치공동체를 이루지 못하고 민족국가의 통일성이 부족하다는 문제점을 드러냈다.

독립 3년 만에 군부 쿠데타가 일어나 문민정부를 무너뜨렸다. 그 뒤로도 잇달아 군부의 쿠데타가 일어나는 등 시리아는 아주 심한 정치적 불안으로 흔들렸다. 어느 지방 출신의 군 장교들이 쿠데타를 일으켜 권력을 잡으면, 얼마 뒤 다른 지방 출신들의 군인들이 쿠데타로 또 다른 군사정부를 세우는 악순환이 되풀이됐다. 국가에 대한 충성보다는 지역, 종파, 부족에 대한 충성도가 더 컸다. 경쟁적인 파벌들이 끊임없이 권력을 차지하려고 음모를 꾸미고 서로 싸웠다. 1949년부터 20년 가까이 시리아는 잇단 군부 쿠데타로 몸살을 앓았다.

잇단 시리아군부 쿠데타의 마지막 승자는 하페즈 알아사드(1930-2000년) 장군이다. 그는 1963년 쿠데타에 참여해 시리아 정치적 불안의 최종 수혜자로 이름을 올렸다. 그리고 1970년 국방장관으로 있다가 무혈 쿠데타를 일으켜 대통령에 오르면서 권력을 한 손에 틀어쥐었다. 하페즈는 1970년부터 2000년까지 꼬박 30년 동안 시리아를 철권으로 다스렸다. 21세기 들어 시리아를 전쟁을 불도가니로 몰아넣은 시리아의 독재자 바샤르 알아사드(1965년생)가 바로 그의 아들이다.

아버지 독재자 하페즈는 대규모 검속과 투옥, 처형으로 무슬림형제단과 같은 체제 위협 세력의 씨를 말리려 들었다. 1982년 시리아 중부도시 하마에서 하페즈 암살미수범을 잡는다는 명분 아래 벌어졌던 대량 학살은 하페즈의 잔혹성을 말할 때 빼놓을 수 없는 대목이다. 세계적인 인권 단체인 국제사면위원회(앰네스티 인터내셔널)가 조사한 바에 따르면, 1982년 하마에서 2만 5천 명쯤이 죽임을 당한 것으로 전해진다.

사건이 일어날 무렵 하마의 인구가 18만 명이었으니, 7명 가운데 1명이 죽은 셈이었다. 하지만 정확히 몇 명이 죽임을 당했는지는 알 길이 없다. 적지 않은 죽음들이 하페즈 독재 체제를 떠받들던 정보기관의 고문실에서 이뤄진 탓이다. 그럴 경우 시신들을 몰래 파묻거나 불태워 버렸다. 체제에 저항하는 자들은 철저히 응징한다는 '하마의 법칙'이란 말은 바로 그 무렵에 나왔다.

▍ 소총을 매고 다마스쿠스 거리를 순찰중인 시리아 경찰들. ©Antonio Milena

하마의 학살 뒤 시리아의 민주화 요구는 긴 침묵 속에 묻혀버렸다. 어쩌다 저항 움직임이 있긴 했지만 곧 가라앉았다. 그 무렵 시리아 사람들에게 민주화로 가는 길은 참으로 아득히 멀게만 느껴졌을 것이다. 하페즈의 잔혹한 독재는 2000년 그가 눈 감을 때까지 이어졌다. 시리아 사람들은 그 시기를 암흑의 전반기 시대라 기억한다. 후반기는? 아들 알아사드가 대를 이어 독재를 펴는 21세기 초반의 시기를 가리킨다.

4

CHAPTER

'빅 브러더'가 다스리는 통제 국가

시리아

수도 다마스쿠스는 4천 년에 이르는 오랜 역사의 숨결을 느낄 수 있는 도시다. 오래된 유적들이 성채 안에 자리 잡은 구시가를 가보면, 다마스쿠스가 번영과 이민족의 점령을 되풀이해온 역사의 도시라는 점을 금세 확인할 수 있다. 그런 구시가의 입구에는 시리아의 젊은 대통령인 바샤르 알아사드의 엄청나게 큰 얼굴 사진이 내걸려 오가는 사람들을 내려다본다.

시리아를 외부 세계와 잇는 통로인 수도 다마스쿠스의 국제공항에서 받은 첫인상은 무질서였다. 다마스쿠스 공항을 빠져나가는 데는 1시간 넘게 걸렸다. 마치 출구를 찾아 헤매는 게임 같았다. 입국 비자 수수료를 내려면 현지 화폐인 '시리아 파운드'로 바꾸어야 한다. 환전소는 하나뿐이라 그 앞에서 줄을 서고 오래 기다려야 했다. 그런 다음 다시 출입국 심사대를 찾아가 또 한참을 기다려야 했다. 한마디로 시리아 입국은 인내심을 요구했다. 기다리다 지친 탓일까, 많은 사람들은 줄을 서기는커녕 출입국 관리를 180도 각도의 부채꼴 모양으로 둘러싸고, 틈만 보이면 새치기를 하기 일쑤였다.

다마스쿠스공항 출입국 관리들은 담배를 피워 물고는 그런 무질서를 느긋이 즐기는 듯했다. 나의 여권을 이리저리 살펴보던 한 관리도 입에서 담배를 떼지 않았다. 그가 여권에서 찾아내고자 한 것은 혹시라도 시리아의 '적성 국가'인 이스라엘에 입국한 흔적이 있는지였다. 어떤 여행객이라도 여권에 이스라엘에 다녀왔다는 도장이 찍혀 있다면, 시리아에 들어가는 것을 포기해야 한다.

이스라엘을 적성 국가로 규정하고 있는 이웃 나라 레바논이나 이란도 사정은 마찬가지다. 중동에서 이스라엘 입국도장이 찍힌 여권으로 입국이 가능한 나라는 이스라엘과 외교관계를 맺고 있는 이집트와 요르단 2개 국가뿐이다. 사우디아라비아나 쿠웨이트, 아랍에미리트(UAE), 이라크, 이란 등 모든 중동 국가들에게 이스라엘은 적성 국가다. 이스라엘 유대인들의 입국을 허락하지 않음은 물론이다.

조지 오웰의 소설 《1984》 떠올려

· ▌ 시리아는 어딜 가나 철권 통치자 알아사드 부자의 사진들과 마주쳐야 한다. ©김재명

시리아는 1963년 이래 '국가 비상사태'를 유지하고 있는 독재 국가다. 지난 2000년 '아랍의 비스마르크'라는 별명을 지닌 아버지 독재자 하페즈 알아사드 대통령이 죽자, 안과 의사였던 아들 바샤르가 대통령에 올랐다. 시리아에 머무는 동안 곳곳에서 알아사드 부자의 대형 얼굴 사진과 마주쳐야 했다. 도서관이나 우체국 같은 공공장소는 물론이고 작은 식당에도 그들의 사진이 어김없이 내걸려 있다. 영국작가 조지 오웰의 소설 《1984》에 나오는 '**빅 브러더**'의 모습과 다름없다.

아랍어를 배우는 학생 신분으로 1년 가까이 다마스쿠스에 머물고 있던 60대의 미국인 두 남녀를 만났다. 부부는 아니고 친구이자 연인처럼 지낸다는 그들은 미국이 이라크를 침공해 들어갈 것이 거의 확실해지던 지난 2003년 초, 인간 띠를 둘러 온몸으로 미군 공습을 막겠다며 이라크 바그다드에 집결했던 전 세계 평화 운동가들과 함께 활동했던 경력을 지녔다. 이 두 사람과 다마스쿠스 중심가의 한 식당에 갔다. "시리아에 대한 인상이 어떠냐?"고 묻기에, "통제 사회라는 느낌을 받았다."며 손가락으로 음식점 벽에 걸려 있는 알아사드 대통령의 얼굴 사진을 가리켰다.

두 사람의 얼굴이 갑자기 굳어졌다. 그러면서 약속이나 한 듯이 입에다 손가락을 갖다 댔다. 입조심을 하라는 뜻이었다. 그러면서 낮은 목소리로 "이런 큰 음식점 안에는 감시 카메라가 돌아가고 있고, 종업원들도 우리 얘기에 귀를 기울이고 있다."고 말했다. 종업원이 시리아 보안기관에 협력하는 민간 정보원이라면, 그래서 신고를 한다면, 미처 예상하지도 못한 모진 꼴을 당할 수도 있을 터였다. 그들은 "우리 같은 미국인들은 서방 정보기관에 줄을 대고 있는 스파이."라고 오해를 받기 십상이라는 얘기도 덧붙였다.

▌시리아는 어딜 가나 철권 통치자 알아사드 대통령의 얼굴과 마주쳐야 한다. ©김재명

시리아는 통제사회다. 어딜 가나 경찰이나 보안 요원과 정보원의 눈길이 번득인다. 체제를 위협하는 어떤 움직임도 용납되지 않는다. 시리아는 집권 당인 바트당(Baath Party)이 일당 독재를 해온 국가다. 1963년 국가비상사태가 선포되면서 바트당이 혼자 합법적인 정당으로 등록했고, 나머지 정당들은 불법화됐다. 계엄령에 따라 수사관은 영장 없이 누구든 의심을 받은 사람을 체포할 권한을 갖는다. 그 절대 권력의 중심엔 알아사드 일족이 자리 잡고 있다. 시리아 국가보안기관들은 체포 영장 같은 번거로운 서류 절차를 거치 지 않고 '용의자'를 체포하고, 재판 없이 오래 가둬 놓는 권한을 지녔다.

시리아 정권은 반이스라엘 국민정서와 긴장 관계를 이용해 장기 독재를

■ 시리아 정부군 장성들과 함께 한
독재자 알아사드. ©Syrianist

시리아 독재 체제의 하수인들

 시리아 보안기관들은 독재자 알아사드가 철권통치를 펴는 데 중요한 역할
을 맡았다. 독재 체제를 지키는 파수꾼이나 다름없는 시리아 보안기관은 모
두 6개다. 정치보안국, 일반정보국 그리고 4개의 군 정보부대(무카바라트'란 이름
을 지닌 3개의 육군 정보부대와 1개의 공군 정보부대)이다. 이들 기관들은 법률을 지키지 않
고 영장도 없이 사람을 잡아다가 고문하는 등 초법적인 권한을 휘둘렀다.
무카바라트라는 이름만 들어도 사람들은 움찔할 정도로 공포의 대상이다.
그 규모는 12만 명이라지만, 정확한 숫자는 알기 어렵다.
 보안기관들은 독재 정권에 경쟁적으로 충성을 바쳤다. 일반 시민들 가운데

많은 정보원들을 심어 두고, 어디서 누가 체제 불만의 목소리를 내는지 알아
내는 데 힘을 쏟았다. 조금이라도 수상쩍은 행동이나 말을 하는 사람은 잡
아들여 무자비하게 고문을 했다. 알아사드 독재 체제에 불평을 했던 사람들
은 한밤중에 집안으로 들이닥친 보안 요원에게 끌려가기 일쑤였다. 그들에
겐 배후를 대라며 다그치는 모진 고문이 기다리고 있었다.

　시리아의 여러 감옥과 수용소는 정치범들로 넘쳐났다. 일반 범죄와는 거리
가 먼 수감자들은 고문 틀을 갖춘 특수 시설에서 가혹행위를 당했다. 1987
년 서울 남영동 대공분실에서 물고문을 받았던 대학생 박종철의 죽음과 같
은 비극적인 사건들이 적지 않았다. 사람들은 열악한 감옥의 환경과 고문
탓에 건강을 잃고 시름시름 앓다가 죽어서야 감옥을 나왔다.

펼쳐왔다. 1967년 이스라엘과의 전쟁(제3차 중동전쟁)에서 골란고원을 잃은 시
리아의 반이스라엘 감정은 매우 높다. 시리아와 이스라엘 두 나라는 언제라
도 전쟁을 벌일 수 있는 긴장 관계 속에 있다. 시리아 공보부의 한 관리는
"이스라엘과 그 동맹국인 미국이 시리아 체제 붕괴를 노리는 마당에 집안 단
속을 철저히 할 수밖에 없다."고 주장했다.

　시리아 사람들 가운데 심정적으로 알아사드 족벌 지배 체제에 불만을 품
은, 그래서 개혁과 변화를 바라는 사람들도 물론 적지 않을 것이다. 그런 사
람들도 시리아 보안기관들의 안테나에 혹시나 걸려들지 않으려고 몸조심과
입조심을 한다. 시민들의 입에 재갈을 단단히 물려놓은 모습이다.

▌ 시리아에 파병된 리시아 정부군이 독재자 알아사드에게 충성을 맹세하며 행진하고 있다.
©Kremlin.ru

▌ 시리아에 파병된 러시아 정부군이 독재자 알아사드에게 충성을 맹세하며 행진하는 모습.
©Kremlin.ru

위기 맞이한 독재자의 속임수

민주화를 요구하는 목소리는 극심한 탄압을 받았기에, 국민들은 민주화를 바라는 아주 작은 목소리조차 내질 못했다. '알아사드의 나팔수'라는 지적을 받는 시리아 언론사들도 정부의 통제권 아래 있기에 비판을 삼갔다. 그런 까닭에 시리아는 표면적으로는 세계 어느 나라 못지않게 안정적인 모습을 보여 왔다. 적어도 2011년 중동 지역에 아랍의 봄바람이 불어 닥치기 전까지는 그랬다.

2000년 아버지 하페즈가 죽고 아들 바샤르(1965년생)로 권력이 대물림되자, 민주화 요구의 목소리가 본격적으로 터져 나왔다. 아들 바샤르는 수백 명의 정치범들을 풀어주면서 민주화를 약속하는 듯한 제스처를 보였다. 그 시기를 시리아 사람들은 '다마스쿠스의 봄'이라 부른다. 그러나 곧 본색을 드러내 민주화의 봄은 연기처럼 휙 사라졌다.

▌ 비둘기에게 모이는 주는 시리아 아이. ⓒ김재명

집중탐구 '다마스쿠스의 봄'

 1979년 김재규 중앙정보부장이 박정희 대통령을 궁정동 만찬장에서 죽인 10.26 사건 뒤 한국이 민주화의 진통을 겪던 1980년 봄을 흔히 '서울의 봄'이라 일컫는다. 시리아에서도 민주화의 진통을 겪던 시기가 있었고, 그때를 가리켜 '다마스쿠스의 봄'이라 부른다. 시리아의 민주화를 요구하는 목소리가 봇물처럼 터져 나오던 2000년 초여름부터 1년 정도의 기간을 가리킨다.

 시리아를 30년 동안 철권 통치해온 하페즈 알아사드가 2000년 6월 심장마비로 죽자, 그의 아들 바샤르 알아사드가 권력을 이어받았다. 그러자 하페즈 독재자 밑에서 탄압과 감시를 받아오던 시리아의 지식인들이 민주화를 요구하는 목소리를 내기 시작했다. 그들은 처음엔 99인 선언 그리고 뒤이어 1000인 선언으로 독재 정권을 비판하고 나섰다. 그때만 해도 아들 알아사드는 아직 자신의 지배체제를 확실하게 수립하지 못한 상태였기에, 민주화의 목소리를 들어주는 척했다.

 알아사드는 타협책으로 오랫동안 시민들을 억눌러온 초법적 조치인 국가 비상사태를 해제했다. 감옥에 갇힌 수백 명의 정치범들을 풀어주면서 민주화를 약속하는 듯한 제스처를 보였다. 하지만 속임수에 지나지 않았음이 곧 드러났다. 민주화를 바라는 시위대의 목소리가 더욱 커지자, 어린아이를 포함한 시위대를 마구잡이로 체포하고 고문해 죽이는 일들이 벌어졌다. 다시 폭압정치로 돌아갔다. 99인 선언과 1000인 선언에 서명한 지식인들을 감옥 안으로 잡아들였고 일체의 시위를 금지하고 나섰다. 다마스쿠스의 봄은 그렇게 허망하게 사라졌다.

시리아 독재 체제가 워낙 강고한 데서 비롯된 자만심에서였을까, 2011년 중동민주화 바람이 불었을 때 시리아 독재 정권은 "아랍의 봄은 시리아를 비껴갈 것"이라는 낙관론을 품었다고 알려진다. 하지만 그 낙관론은 곧 틀렸음이 드러났다. 2011년 봄 알아사드는 생애 최대의 위기를 맞이했다.

독재자 알아사드는 2000년 '다마스쿠스의 봄' 때에 그랬던 것처럼 2011년에도 처음엔 시민들을 달래려는 유화책을 내밀었다. 민주화 조치를 담은 헌법 개정안을 내놓았고, 2012년 2월 국민투표를 실시했다. 바트당 일당독재를 규정한 헌법을 다당제로 고치고 대통령 임기를 7년 연임 제한을 두는 내용을 담은 것이었다.

하지만 속임수라는 비판이 일며 벌어진 유혈 충돌로 국민투표일 당일에만 31명이 죽었다. 독재자는 헌법 개정과 잇단 사면 조치로 흉흉한 민심을 달래려 했지만, 시리아 민중의 마음은 이미 그를 떠났다. 알아사드 독재 정권을 무너뜨리겠다고 총을 잡았다. 여러 해에 걸친 시리아 전쟁의 비극은 이렇게 벌어졌다.

▌ 시리아 남부 다라에서 비밀경찰의 고문으로 숨진 소년들의 죽음은 시리아 사람들의
분노를 일으켰고 독재자 알아사드를 위기로 몰아넣었다. ⓒCarlos Latuff

CHAPTER

5

아랍의 봄, 아랍의 겨울

2011년 3월 15일을 분노의 날로 정하고
대규모 시위를 촉구하며 페이스북에 올라온 포스터.

지난 2011년 중동 지역에서는 정치적 불만(장기 집권과 독재)과 더불어 경제적 불만(만성적인 실업과 고물가)이 누적돼 왔던 아랍 민중들의 분노가 한꺼번에 폭발해 거리를 메웠다. 민주화와 인간다운 삶을 요구하며 들불처럼 번진 지역의 시위는 이른바 '중동 전문가'라는 사람들조차 내다보지 못했던 국면이었다.

미국의 시사주간지 〈타임〉이 2011년의 인물로 '시위자(The Protester)'를 꼽았듯이, 서구의 '점령하라(Occupy)' 시위와 더불어 중동의 민주화 시위는 21세기 초 세계를 흔든 큰 물결이다. 튀니지의 한 노점상 청년이 경찰의 과잉 단속에 맞서 분신자살하는 사건이 기폭제가 돼 일어난 '아랍의 봄(Arab Spring, 또는 튀니지의 나라꽃인 재스민에 빗댄 '재스민 혁명')'은 중동의 정치 지형은 물론 국제사회에 커다란 영향을 미쳤다.

▌ 아랍의 봄바람을 타고 2011년 봄 다마스쿠스에서 벌어진 반정부 시위. ©shamsnn

"죽어야 권좌에서 물러난다."는 소릴 들어온 중동의 독재자들은 권좌에서 쫓겨났거나, 앉아 있다 해도 편치 않은 상황이다. 튀니지에서 이집트를 거쳐, 아라비아반도에 속한 예멘과 바레인 그리고 리비아와 시리아를 휩쓴 민주화 시위로 말미암아 곳곳에서 유혈 사태가 벌어졌다. 내전 상태에 빠져들었던 리비아는 급기야 나토(북대서양조약기구)의 군사개입마저 불렀다. 그 과정에서 오랜 독재의 사슬에서 벗어난 국가는 모두 4개국(튀니지, 이집트, 리비아, 예멘)이다. 하지만 시리아에선 이렇다 할 긍정적인 변화가 없이 전쟁으로 많은 희생자를 낳았을 뿐이다.

중동의 민주국가는 극소수

중동(Middle East)은 그 이름에서 짐작되듯, 지난날 세계 제국을 이뤘던 영국을 비롯한 서구 강대국 중심의 시각이 담겨있다. 한국과 일본을 극동(Far East)라고 부르는 것과 마찬가지 맥락이다. 오늘날 중동 사람들이 서구를 보는 시각에 곱지 않은 눈길이 담겨 있는 것은 서구의 제국주의적 침탈을 기억하고 있기 때문이다.

중동 국가의 범위를 어디까지 두느냐는 들이대는 잣대에 따라 고무줄처럼 늘어난다. 작게는 18개국, 많게는 38개국으로 편차가 크다. 아랍연맹에 속한 22개국에다 이란, 터키를 포함시켜 모두 24개국으로 중동의 범위를 정할 경우, 2018년 현재 인구는 5억(아랍연맹 국가 3억 5천만, 이란 7900만, 터키 8천만)을 넘어선다.

동쪽의 이란에서부터 서쪽의 모로코에 이르기까지 중동 지역에서 어떤 국가가 △자유롭고 공정한 보통선거를 통해 '정치적 권리'가 지켜지는지, △표현 및 신앙의 자유와 결사의 자유 등 '시민적 자유'가 보장되는지를 살펴보면, 민주국가는 극소수이다. 대부분의 중동 국가에서 '정치적 권리'나 '시민적 자유'가 무시되어 왔다. 헌법상 보장돼 있다 하더라도 '무늬만 민주주의' 국가가 대부분이다. 사우디아라비아의 경우는 나라 전체를 대표하는 국회도 없고 작은 규모의 지방선거에서도 여성들에게 투표권이 주어지지 않는다.

중동 지역 지도를 들여다보면서 도대체 어떤 중동 국가가 정치적 자유가 보장되는 민주국가일까를 살펴보면, 그저 손을 꼽을 정도다. 터키, 레바논, 이스라엘, 이란이 그나마 민주주의의 규범을 지키는 나라에 속한다. 서방국가들의 민주주의 잣대로는 이란의 국가 최고권력이 **시아파** 종교 지도자에게

있으니 민주국가로 보기 어려울 것이지만, 그래도 자유선거를 통해 정권이
바뀌는 등 어느 정도는 민주주의 규범이 통하는 나라다.

이스라엘도 논란거리다. 팔레스타인 지역을 점령해 식민지로 삼아 다스
리고 있고 걸핏하면 이웃 국가 레바논을 침공해 '깡패국가'라는 비난을 들어
왔기 때문이다. 그래도 국내적으로는 자유선거를 통해 정치 지도자들을 국
회(이스라엘 용어로는 '크네세트')로 보내니 민주국가라 부를 만하다.

집중탐구 중동 민주국가는 그저 겨우 몇 손가락

인구 74억에 이르는 지구촌 사람들 가운데 얼마나 많은 사람들이 참 자유
를 누리며 살아갈까. 국민들이 자유투표로 마음에 드는 지도자를 뽑는 나
라, 자신의 정치적 뜻을 거리에서나 집회에서 자유롭게 나타낼 수 있는 나라
는 몇 개나 될까. 안타깝게도 국제연합(UN) 회원국 193개국 가운데 자유국
가는 절반에도 못 미친다. 미 워싱턴에 본부를 둔 인권관련단체 프리덤 하
우스(Freedom House, 1941년 창설)는 해마다 〈세계 자유보고서〉를 펴내왔다. 자유
롭고 공정한 보통선거를 통해 정치적 자유가 지켜지는지, 표현 및 신앙의 자
유와 결사의 자유 등 시민적 자유가 이뤄지는지를 살펴보자는 뜻이다.

프리덤 하우스의 〈세계 자유보고서〉는 나라들을 1부터 7까지 등급으로 매
겨 1-2.5 사이는 F(Free, 자유국가), 3-5.0는 PF(Partly Free, 부분적 자유국가), 5.5-7
은 NF(Not Free, 비자유 국가)다. 2017년판에 따르면, 정치적 시민적 자유가 보장
되는 F국가는 87개국으로 유엔 가입 193개국 가운데 절반에 못 미친다.
사람들의 정치적 시민적 자유가 부분적으로 억압을 받는 PF국가는 59개국,
정치적 시민적 자유가 없는 NF국가는 무려 49개에 이른다. NF와 PF에 속
하는 나라들은 대부분 아시아-아프리카에 몰려있다.

나머지 중동 지역 대부분은 민주주의와는 거리가 멀다. 독재자 1인이 절대 권력을 휘두르는 통제국가(시리아, 이집트 등)가 아니면, 기껏해야 왕과 권력을 나누는 입헌군주국(사우디 아라비아, 쿠웨이트, 요르단 등)들이다.

1인 철권통치자들의 권력 대물림

왕국이 아닌데도 권력 대물림이 이뤄지는 것도 중동 독재국가들의 공통점이다. 시리아는 아버지 독재자 하페즈 알아사드(1970-2000년), 아들 독재자 바샤르 알아사드(2000~현재), 이렇게 2대에 걸친 세습이 이뤄졌다. 민주화 요구를 압살하고 시리아 전체를 옥죄는 통제자나 다름없는 알아사드 가문은 조지 오웰의 소설 《1984》에 나오는 '빅 브러더'를 떠올리게 한다.

2011년 아랍의 봄바람이 아니었다면, 이집트에서도 권력의 대물림이 이뤄질 뻔했다. 민주화를 요구하는 시민들의 시위에 굴복해 대통령 자리에서 물러나긴 했지만, 무함마드 호스니 사이드 무바라크 이집트 대통령은 그의 긴 이름만큼이나 오래 권력을 휘둘러왔다. 1981년 대통령에 오르면서 선포한 비상계엄령을 29년째 이어갔다.

이집트 현지 취재 때 카이로대학의 교수를 만나려 대학 정문으로 가니 사복 경찰이 "정부(교육부) 허가를 받고 왔느냐?"며 막아서는 바람에 시간을 버린 적도 있었다. 간신히 만나기로 한 교수와 전화 연결이 돼 캠퍼스 안으로 들어가니, 벤치에 여대생들이 앉아서 쉬고 있는 모습이 보였다. 그 학생들에게 다가가 이렇게 물어봤다. "태어날 때 대통령이 누구였어요?" 대답은 "무바라크였어요."다. 그렇다면 지금 대통령은? "무바라크예요."다. 무바라크는 29년째 대통령의 권좌에 앉아 있었으니, 그 학생들이 태어날 때부터 스무 살

대학생이 될 때까지 대통령은 오로지 한 사람뿐이었다.

문제는 독재자 무바라크의 나이(1928년생)와 건강. 아무리 철권독재자라도 세월의 흐름을 거스를 수는 없다. 2012년에 치러지기로 예정된 차기 대선에 둘째아들 가말 무바라크가 출마할 것이란 얘기가 이집트에 널리 퍼져 있었다. 가말은 그의 나이 38세 때인 지난 2002년 집권당인 국민민주당(NDP)의 '넘버 2' 자리인 정책위원장을 맡으며 일찌감치 후계자 자리를 굳혔다. 2011년 아랍의 봄이 없었다면, 가말이 지금 이집트 대통령 자리를 꿰차고 있을지도 모른다. 아랍의 봄은 그의 운명을 바꾼 셈이다.

1969년 쿠데타로 집권한 뒤 리비아를 41년 동안 다스렸던 리비아 국가원수 무아마르 카다피(1942년생)도 아랍의 봄만 없었다면 아들에게 권력을 물려주었을 것이다. 이집트의 무바라크가 그의 차남을 후계자로 꼽았던 것과는 대조적으로 리비아는 차남 사이프(2011년 당시 38세), 4남 무타심(36세)이 후계자 자리를 놓고 다투었다. 그래서였을까? 리비아에서 카다피 후계 구도 문제를 언급하는 것은 금기사항이었다. 사담 후세인 전 이라크 대통령도 망나니짓으로 악명이 높았던 아들에게 권력을 물려주려 했었다. 그는 1979년 이라크 대통령에 오른 뒤 24년 동안 철권통치를 폈던 독재자였다. 2003년 미국의 침공으로 몰락한 뒤 재판에서 사형을 선고받고 처형됨으로써 권력 대물림은 물거품이 됐다.

중동의 독재자들이 저마다 권력을 아들에게 대물림하려 했던 까닭은 무엇일까. 안전장치를 마련하지 않은 채 권좌에서 물러난다면 정치적 보복이 뒤따를 것이다. 검은돈 챙기기를 비롯한 부정부패 문제를 들춰내도 구린내가 진동할 게 뻔하다. 따라서 '믿을 자'는 아들 말고는 없다. 독재자는 아들에게 권력을 물려주는 것이 안전장치로는 최선이라 여겼다.

중동 독재자들은 체제 유지를 위해 거대한 보안기관들을 활용해 국민들을 감시했다. 비판의 목소리는 철권으로 다스렸다. 그런 까닭에 표면적으로는 평화로운 모습이었다. 그렇지만 불안한 평화다. 오래 억눌려온 정치적 불만이 언젠가 휴화산 터지듯 분출된 것이 중동에선 아랍의 봄이라 볼 수 있다.

안타까운 사실 하나. 지구촌이 잘사는 나라와 못사는 나라로 나뉘어 있지만 그 경계선이 민주-독재와 거의 겹친다는 점이다. 경제적으로 부유한 서유럽 국가들은 정치적으로도 자유를 누리는 반면, 하루 1달러의 작은 돈으로 생계를 꾸려가는 지구촌 절대 빈곤층들이 몰려 사는 아시아-아프리카에는 정치적인 자유를 제대로 누리지 못하는 많은 사람들이 어려운 삶을 살아가고 있다는 점이다. 경제적 고통에 정치적 억압이라는 이중고에 시달리는 셈이다.

왜 아랍의 봄을 내다보지 못했나

역사를 돌아보면, 아랍 민중들이 언제나 독재자들의 압제에 숨죽이고 고분고분 따랐던 것은 아니다. 다만 독재자들이 국민들의 민주화 갈망을 효율적으로 눌러왔기에, 겉으로 보면 안정적인 독재 체제를 이어진 것으로 볼 수 있다. 2011년 아랍의 봄이 터지기 전에 이집트나 시리아를 들를 때마다 민주주의와는 거리가 멀었던 1970~80년대 한국이 떠올랐다.

이집트 최대 야권 조직인 무슬림형제단에서 여는 집회를 취재하려고 한 모스크(이슬람사원)에 갔더니, 사복형사들이 막아섰다. 그들의 험악한 얼굴에서 1980년대 한국에서 민주화 요구 모임이 열릴 때마다 입구를 막아서던 형사들의 얼굴이 겹쳐졌다. 카이로 곳곳에 사복 경찰이나 보안 요원들이 감시의 눈길을 번뜩이고, 지식인들이나 거리의 보통 사람들이나 모두 몸을 사리는 모습이었다.

시리아 수도 다마스쿠스의 분위기는 카이로보다 더 삼엄했다. 그곳 사람들은 사회 곳곳에 침투한 정보원들을 의식해, 입조심을 하는 태도가 몸에 배어 있었다. 카이로와 다마스쿠스를 떠나면서 "다른 곳에 시민혁명이 일어나면 몰라도 이집트와 시리아는 어렵겠다."고 여겼다. 2011년 그런 생각이 틀렸다는 것이 드러났다.

이른바 '중동 전문가'들이라 일컬어지던 많은 연구자나 학자들, 언론인들 가운데 2011년 아랍의 봄을 정확하게 내다본 사람은 거의 없었다. 그 까닭은 어디에 있을까. 흔히 중동 독재 체제를 떠받치는 두 개의 기둥으로 독점적 경제력과 강력한 체제 통제력(군대, 경찰, 보안기관)을 꼽는다. 중동 산유국들은 석유산업을 **국유화** 형태로 운용해왔고, 따라서 지배층들은 막대한 오일 달러를 챙겨왔다. 오일 달러가 국민의 세금보다 많은 지배자들은 서구 민주국가의 정치인들보다는 국민들 눈치를 덜 보는 권위주의에 익숙해져 있다. 풍부한 자금으로 많은 무기를 사들이고, 군 장교들을 대우함으로써 권력의 하수인으로 충성을 확보해왔다.

막대한 국방비는 국가 안보를 위해서라지만, 속내는 체제 안보를 위한 측면이 더 크다. 한 손엔 총, 다른 손엔 현금을 쥔 중동 통치자들은 국민들의 민주화 요구를 총칼로 억누르면서도 풍부한 자금력으로 충성을 끌어내며 체제를 유지해 왔다. 그렇기에 많은 중동 전문가들이 2011년 아랍 민주화 바람을 예상 못했던 것도 무리는 아니라고 할 수 있다.

집중탐구 중동 국가들의 정치 체제

중동 국가들의 정치 체제는 나라마다 다르다. 정치 발전 수준 또는 국가의 성격에 따라 중동 국가들을 나눈다면 세 종류로 모아진다.

첫째, 이슬람 봉건국가. 여기에는 왕이 최고 종교지도자를 겸하는 1인 신정국가(사우디아라비아)가 있는가 하면, 헌법상으로는 의회 제도를 도입한 입헌군주제이면서도 국왕에게 권력이 집중된 절대군주제 국가(쿠웨이트, 카타르, 바레인, 모로코)도 있다. 이 국가들은 오래전부터 민주화를 요구해온 국민들과 봉건 지배체제를 이어가려는 왕족들 사이의 대립과 갈등을 겪어왔다.

둘째, 공화국 형태를 띤 권위주의 국가. 정치 지도자의 신념 가치는 근대적, 개혁적이지만 가부장적 권위주의를 바탕으로 국가를 운영해온 국가들이다(카다피 집권 시절의 리비아, 사담 후세인 집권 시절의 이라크, 1979년 이슬람 혁명 뒤의 이란). 이 국가들은 지난날 왕정 국가였다가 개혁 사상을 지닌 젊은 청년 장교들의 쿠데타로 왕정이 폐지된 공통점을 지녔다(이집트, 이라크, 리비아 등).

셋째, 부족 또는 종파 간 연합을 통해 권력을 균점하는 입헌공화국(아랍에미리트, 레바논, 사담 후세인 몰락 뒤의 이라크). 이 세 가지 유형 가운데 어디에 속하든 중동 지역의 시민들은 민주화와 개혁을 바라는 열망이 매우 크다는 사실이 2011년 아랍의 봄을 거치면서 새삼 드러났다.

'아랍의 겨울'로 돌아가다

지난 2011년 중동 지역에 불어 닥친 '아랍의 봄'은 몇몇 오랜 철권 통치자들을 권좌에서 끌어낸 국가에겐 정치 발전을 가져왔지만, 대부분의 중동 국가들에겐 아무런 변화를 주지 못했다. 미국을 비롯한 강대국들은 각자의 이해관계 따라 중동 독재자를 바라보기에, 중동 민주화를 더욱 어렵게 만드는 요인으로 작용한다.

큰 틀에서 보면, 아랍의 봄은 지금도 안팎으로 진통을 거듭하며 아직은 미완성의 혁명 과정에 있다. 사우디아라비아를 비롯한 중동 지역의 비민주 국가들에게 '아랍의 봄'은 아직 멀어만 보인다. 오히려 일부 국가는 '아랍의 겨울'로 뒷걸음질하기도 했다. '이집트 역사상 고대 파라오 이후 최대 부패 집단'이라는 소리마저 들었던 무바라크의 30년 독재 체제가 무너진 뒤 군부 독재 정권이 다시 들어선 이집트 상황이 바로 그러하다. 민주적 선거 절차를 거쳐 뽑힌 문민정부는 다시금 군부 쿠데타(2013년 7월)로 넘어졌고, 이집트 군부는 '아랍의 봄'을 '겨울'로 되돌렸다.

▍ 탱크로 시위대를 밀어붙이는 독재자 알아사드를 그린 삽화. ©Carlos Latuff

▌ 압력밥솥이 터질 것 같은 위기를 맞이한 알아사드를 그린 삽화. ©Carlos Latuff

　　내전에 휩싸인 시리아도 여러 해에 걸쳐 혹독한 '아랍의 겨울'을 지내고 있다. 2011년 아랍의 봄이 쓰나미처럼 시리아로 몰려든 뒤, 이 나라는 엄청난 내전의 불길에 휩싸였다. 최근 몇 년 사이의 시리아를 전쟁과 평화의 잣대로 재보면, 상황이 갈수록 나빠져 간 모습이다. 시리아의 상황은 다른 나라들처럼 '민주화 혁명' 과정에서 흔히 겪을 수도 있는 일시적인 진통에 머물지 않고, 21세기 최악의 참사를 일으킨 '전쟁'의 한복판에 들어섰다.

6

CHAPTER

누가 싸우고 있는가

집중탐구 *시리아 전쟁 일지*

2011년 3월 수도 다마스쿠스를 비롯한 주요 도시에서 대규모 민주화 시위 일어남.

2011년 4월 시리아 제3의 도시 홈스에서 시위대를 향해 보안군이 총격, 사상자 생겨남. 그 뒤로 민심이 흉흉해지자 알아사드 대통령은 48년 동안 이어져왔던 시리아 비상사태법 폐지할 뜻을 밝힘. 하지만 민주화 요구 시위는 그 뒤로도 계속 일어남.

2011년 7월 시리아 전국에서 100만 명 이상 반정부 시위 참가. 시리아 도시 하마에서 정부군 발포로 최소 139명 사망. 반군 연합체인 자유시리아군(Free Syria Army, 줄여 FSA) 결성, 정부군을 상대로 무장 투쟁을 벌이기 시작. 그 뒤로 시리아는 내전 상태.

2011년 8월 버락 오바마 미 대통령, 알아사드 시리아 대통령이 물러나야 한다고 요구함.

2012년 2월 유엔 총회, 알아사드 대통령이 물러나야 한다는 결의안을 통과시킴.

2012년 7월 반군이 시리아 북부 중심도시 알레포 동쪽 절반을 점령함. 그 뒤 알레포는 서쪽 절반을 차지한 시리아 정부군과 동쪽의 반군 사이의 치열한 시가전으로 많은 사상자를 냄.

2013년 3월 유엔난민기구(UNHCR), "시리아 국경을 넘은 난민이 100만 명 넘어섰다."고 발표. 시리아 북부 알레포 인근 지역에서 정부군의 화학무기 공격으로 26명 사망.

2013년 8월 시리아 수도 다마스쿠스 교외 동구타 지역에서 1,429명 사망(아이 사망자 426명 포함), 미국 오바마 대통령, 시리아 정

	부를 비난하며 미국이 시리아에 군사개입할 수도 있다고 발언.
2013년 9월	유엔조사단, "시리아에서 화학무기가 사용됐다."고 결론 내림.
2013년 10월	국제사회의 비난이 커지자, 시리아 정부는 "화학무기를 모두 폐기하겠다."고 발표.
2013년 11월	유엔난민기구, "시리아 국경을 넘은 난민이 300만 명 넘어섰다."고 발표.
2014년 6월	시리아 정부군 장악 지역에서 시리아 대통령선거 실시. 알 아사드 대통령, 88.7% 득표율로 당선. 극단적 이슬람 원리주의 무장 조직인 이슬람국가(IS), 시리아 북동부 락까를 근거지로 이슬람국가(IS) 수립 선포.
2014년 8월	이슬람국가(IS), 인질로 붙잡고 있던 미국 기자 제임스 폴리를 참수하는 동영상 공개.
2014년 9월	미국, 이슬람국가(IS) 무장 세력에 대한 대대적인 공습 시작.
2015년 1월	유엔, 시리아 내전 사망자 22만 명을 넘어섰다고 발표. 시리아 국민의 3분의 1이 난민이 됨.
2015년 9월	러시아, 시리아 정부를 돕기 위해 군사개입. 이슬람국가(IS) 무장 세력을 주로 공습하면서 틈틈이 시리아 반군을 공습해 국제사회의 비난을 받음.
2015년 11월	오스트리아 빈에서 시리아 평화 회담 열림. 시리아 새 헌법을 제정하고 18개월 안에 유엔 주도 아래 총선 및 대선 실시하는 문제를 논의.
2016년 2월	미국-러시아, "시리아서 일시적 휴전 합의" 발표. 스위스 제네바에서 시리아 평화 회담 열렸으나 성과 없이 끝남.

2016년 8월	미국이 지원하는 시리아민주군(SDF), 이슬람국가(IS) 무장 세력에 대한 공격.
2016년 11월	시리아 공군, 러시아 공군과 함께 북부 도시 알레포의 반군 지역에 대대적인 공습 벌임. 12월 반군이 물리니고 시리아 정부가 알레포 장악.
2017년 10월	시리아의 쿠르드족 반군 조직인 인민수호부대(쿠르드 언어의 약칭으로는 YPG)가 미국 해병대의 지원을 받아 이슬람국가(IS)의 근거지인 락까에서 IS를 몰아냄. 락까에서 뿔뿔이 흩어져 도망친 IS는 세력이 크게 약해져 존재감이 거의 없음.
2018년 1월	터키, 시리아 북부로 침공해 그곳 쿠르드족 공격
2018년 2월	이스라엘, 시리아 공습.
2018년 4월	시리아 정부군, 다마스쿠스 동쪽 반군 장악지역인 동구타를 무차별 포격해 많은 사상자를 냄.

집중탐구 *시리아 내전? 전쟁? 분쟁?*

전쟁은 그 성격에 따라 크게 네 종류로 나눌 수 있다. 첫째, 나라와 나라 사이의 전쟁이다. 1592년 일본이 우리나라를 쳐들어와 벌어진 임진왜란이나, 2001년 9.11 테러가 일어난 뒤 미국이 아프가니스탄을 쳐들어감으로써 벌어진 전쟁 같은 것이다. 인류 역사를 돌아보면 많은 전쟁이 국가와 국가 사이의 폭력적인 충돌이었다.

둘째, 좀 더 많은 나라들이 편을 갈라 싸우는 세계적인 규모의 전쟁이다. 제1차 세계대전(1914–1918년)이나 제2차 세계대전(1939–1945년)이 그러하다. 세계대전은 그 전쟁에 뛰어드는 국가들 숫자도 많고, 전투를 벌이는 곳도 여러 군데고, 따라서 전쟁터의 군인 숫자들도 아주 많다.

셋째, 약소민족이 강대국의 식민지에서 벗어나려고 벌이는 독립전쟁(또는 민족해방전쟁)이다. 지난날 영국과 프랑스 같은 나라들은 아프리카와 아시아에 많은 식민지를 갖고 있었고, 그래서 약소민족들이 독립을 위해 전쟁을 벌였다. 20세기 전반기에 우리 독립투사들이 만주 벌판에서 일본 군대에 맞서 싸운 것도 민족해방전쟁 또는 독립전쟁이다.

넷째, 한 국가 안에서 일어나는 전쟁이 '내전'이다. 21세기 오늘날엔 국가끼리의 전쟁도 물론 있지만, 내전이 훨씬 많다. 특히 한 국가 울타리 안에 여러 민족들이 섞여 사는 다민족국가에서는 이민족끼리 사이가 나빠져 내전이 벌어지곤 한다.

흔히 시리아에서 여러 해 동안 벌어져온 유혈 충돌을 '시리아 내전'이라 부른다. 내전은 한 국가 안에서 이해관계가 크게 다른 무장 세력들이 벌이는 유혈 사태를 뜻하므로, 시리아의 바샤르 알아사드 독재 정권의 군대(시리아 정부군)와 그에 맞선 반군 사이의 전쟁을 '내전'이라 일컬어도 틀린 말은 아니다.

하지만 지금 시리아에서 전투를 벌이는 세력은 정부군과 반군뿐 아니다. 미국, 러시아, 이스라엘, 이란, 사우디아라비아, 레바논(헤즈볼라 민병대), 터키도 있다. 중동 지역에 저마다 다른 이해관계를 지닌 이들 외부 세력은 시리아 유혈 사태에 끼어들어 전쟁의 흐름에 영향을 미치고 있다. 따라서 '시리아 내전'이란 표현보다는 '시리아 분쟁' 또는 '시리아 전쟁'이란 표현이 더 정확하다. 이 책에서는 '시리아 전쟁'이란 용어를 쓴다.

시리아

전쟁에 뛰어든 무장 세력은 매우 복잡하다. 큰 틀에서 보면 시리아 정부군과 그에 맞선 반군으로 나뉜다. 하지만 좀 더 자세히 들여다보면 4개 무장 세력으로 갈린다. 첫째는 시리아 알아사드 독재 정권의 시리아 정부군과 이들을 돕는 외국 세력(러시아, 이란, 레바논 헤즈볼라), 둘째는 민주화를 요구하는 반정부군과 그들을 돕는 외국 세력(미국, 터키, 사우디아라비아, 카타르), 셋째는 시리아에서 자치권을 확보하고 나아가 분리 독립을 꿈꾸는 쿠르드족 세력, 넷째는 극단적 **이슬람주의**를 내세우는 이슬람국가(IS) 무장 세력이다.

시리아 반군들은 스스로를 이른바 중동 지역 전문가라고 여기는 학자들이나 기자들조차 그 이름들을 기억하기 어려울 정도로 복잡하다. 갖가지 무장 조직들이 생겨났다가 없어지거나 또는 합치기를 거듭해왔다. 지휘 계통도 달라서 통합적인 사령부를 갖추고 정부군에 맞서 싸워온 것도 아니다. 수도 다마스쿠스에 있는 알아사드 독재 정권에 맞서 싸운다는 같은 목표를 지닌 반군이라 하더라도, 이념적인 성향이나 외부 지원세력이 달라 서로 총을 쏘며 전투를 벌이는 일들도 벌어졌다.

시리아 독재 정권을 무너뜨리고 다마스쿠스에 어떤 성격의 정부를 출범시킬 것인가에 대한 생각들도 일치하지 않는다. 서유럽 국가들과 같은 자유민주주의 국가를 세워야 한다고 생각하는 반군들도 있는가 하면, 이란이나 사우디아라비아 같이 이슬람 종교가 국가의 가장 중요한 가치가 돼야 한다고 믿는 이슬람 원리주의 성향을 지닌 반군들도 있다. 시리아와 이라크에 걸쳐 넓은 영토를 점령하고 한때는 시리아 정부를 위협하는 최대 무장 세력이었던 이슬람국가(IS)가 바로 극단적인 이슬람 원리주의를 내세우는 반군 집단이다. (IS에 대해선 이 책 다음 7장에서 좀 더 자세히 살펴본다.)

▌ 반군과 치열한 전투를 치른 뒤 쉬고 있는 시리아 정부군 소속 해병대원들.
ⓒAbkhazian Network News Agency.

22만에서 2만 5천으로 줄어든 시리아 정부군

먼저 알아사드 독재 정권을 위해 싸워온 무장 세력부터 살펴보자. 전쟁이 터지기 전에 알아사드 독재 체제를 지켜왔던 군사력의 두 기둥은 '공화국 수비대'란 이름을 지닌 시리아 정부군과 '무카바라트'란 이름의 보안부대였다. 시리아 정부군의 핵심 지휘관 자리는 시아파 한 분파로 알아사드가 속한 알라위파 사람들이 꿰차고 있다.

시리아 인구의 4분의 3이 **수니파**이기에, 정부군의 다수는 수니파로 이뤄져 있었다. 시리아 전쟁이 터지기 전에 정부군의 병력 규모는 22만 명이었다. 하지만 내전이 여러 해를 끌면서 병력이 2만 5천 명으로 예전보다 크게 줄어들었다. 전투 중에 죽고 다치는 군인들이 많이 생겨나기도 했거니와, 시리아 독재 정권에 환멸을 느낀 사병과 장교들이 군부대를 벗어나 도망쳤기 때문이다. 그런 군인들 가운데 상당수가 반군에 들어가 무기를 들고 지난날 그가 속했던 정부군에 맞서 싸우고 있다.

전사자나 부상자, 탈영자 등 여러 이유로 줄어든 병력을 메꾸기 위해 알아사드 독재 정권은 징병제도를 적극 이용했다. 시리아는 19살만 되면 군대에 가야 하는 징병제를 실시해왔다. 전쟁이 터지고 병력이 모자라자, 시리아 정부는 길에 검문소를 설치하고 지나가는 젊은이들을 마구잡이로 붙잡아 군 훈련소로 실어 보냈다. 또한 '국가방위군'이란 이름을 지닌 예비군들을 소집해 반군의 공격에 맞서도록 총동원령을 내렸다.

시리아 정부군과 아울러 알아사드 대통령은 '샤비하'(우리말로는 '유령')란 이름의 친정부 민병대를 조직해 정부군과 함께 반군을 소탕하도록 했다. 친정부 민병대의 주축을 이룬 것은 알아사드와 같은 이슬람 시아파 사람들이다.

알아사드가 독재자이긴 하지만 전쟁 동안 나라가 어지러운 상황에서 시리아는 곳곳에 진을 친 군벌들이 판을 쳐왔다. 이들은 알아사드에 충성을 맹세하는 대신 그들이 다스리는 지역의 암시장을 틀어쥐고 생필품 가격을 멋대로 올려 떼돈을 버는 것으로 알려져 있다.

레바논 시아파 무장 세력, 헤즈볼라

❚ 새벽에 수색 정찰에 나선 헤즈볼라 대원들. ©헤즈볼라 제공

알아사드 독재 정권이 민주화를 요구하는 반군의 기세에 밀려 허덕댈 때 도움을 준 외국 무장 세력 가운데 헤즈볼라(Hezbollah)를 빼놓을 수 없다. 시리아 동쪽에 자리 잡은 작은 나라 레바논의 시아파 이슬람 무장 조직인 헤즈볼라는 '신의 당'이란 뜻을 지녔다.

1982년 이스라엘이 레바논을 침공해왔을 때 이에 맞서 레바논 시아파 젊은이들이 무장 조직을 만든 것이 헤즈볼라의 출발점이다. 같은 시아파인 이란 혁명 수비대로부터 군사훈련을 비롯해 여러 도움을 받았다. 헤즈볼라는 이스라엘이 점령하고 있던 레바논 남부 지역에서 게릴라 활동을 폈다. 견디다 못한 이스라엘군은 1995년에 남부 레바논에서 모두 물러났고 지금 그곳엔 유엔평화유지군(UNIFIL)이 주둔 중이다. 우리 한국의 동명부대 장병들도 그곳 평화유지군으로 함께 하고 있다.

헤즈볼라는 레바논 사회에서 엄청나게 큰 힘을 지닌 정치-군사 조직이다. 레바논 정부에서 장관 자리도 차지하고 국회에도 여러 명의 의원을 진출시켰다. 헤즈볼라가 직접 운영하는 큰 방송국과 신문사가 있고, 학교-도서관-병원을 세워 국민들의 지지가 높은 편이다.

2만 명쯤인 헤즈볼라 민병대는 레바논 정부군(병력 5만 명)에 비해 숫자는 적지만 더 강력한 힘을 지녔다는 말을 듣는다. 여러 차례 이스라엘군과 전투를 벌이면서 용맹을 드러낸 바 있다. 그렇기에 이스라엘과 미국은 헤즈볼라를 테러 집단으로 몰아친다. 하지만 레바논 국민들의 생각은 다르다. 숙적인 이스라엘군과 용감하게 싸우는 애국 집단으로 여긴다.

시리아에서 활동하는 헤즈볼라 병력은 적어도 4천 명, 많게는 8천 명가량으로 알려졌다. 헤즈볼라가 참전한 2013년 무렵 시리아 정부군은 잇단 탈영과 반군들의 **공세**에 밀려 힘이 부칠 무렵이었기에, 헤즈볼라가 큰 도움이 됐다. 시리아-레바논 접경지대뿐 아니라 알레포, 하마, 홈스 등 시리아의 대도시를 시리아 정부군이 반군으로부터 다시 빼앗는 데에 힘을 보탰다. 하지만 전투 과정에서 지금껏 1천 명쯤의 헤즈볼라 전사자가 생겼다.

독재자 알아사드를 돕는 가장 큰 이유는 헤즈볼라에게 시리아가 '목숨

줄'과 같은 존재이기 때문이다. 이슬람 시아파인 헤즈볼라는 시아파의 종주국인 이란으로부터 군수 물자의 도움을 받아왔는데, 레바논으로 들어오는 군수 물자는 시리아를 거쳐서 들어온다. 이슬람 시아파 출신인 알아사드 정부가 무너지고 시리아를 수니파가 지배하게 될 경우 이란으로부터 지원을 받기가 어려워진다.

이스라엘은 헤즈볼라와 지난날 여러 차례 전투를 벌였기에, 시리아에서 헤즈볼라가 전투를 벌이는 것에 신경을 쓰고 있다. 이스라엘은 때때로 공습을 벌이기도 했다. 이란산 무기들을 싣고 레바논으로 이동하는 것으로 의심되는 헤즈볼라 차량들을 겨냥한 공습이다.

시리아 국적이 아니면서 알아사드 독재 정권을 위해 시리아 전쟁에 뛰어들어 싸우는 외국인 시아파 무장대원들은 헤즈볼라뿐이 아니다. 아프가니스탄, 이라크, 파키스탄 출신의 시아파 젊은이들도 섞여 있다. 이들은 2016년 12월 시리아 정부군이 여러 해 동안 반군이 차지해온 알레포를 다시 되찾는 전투에 참여해 큰 공을 세운 것으로 알려졌다.

여러 갈래로 나뉜 반군 세력

알아사드 정권에 충성하는 시리아 정부군에 맞서 온 반정부 세력은 △해외 망명-탈영 반정부 인사 △민주화 시위를 촉발하고 거리에서 투쟁해 온 청년층과 중산층 민주 시민 △시리아 독재 정권에게 핍박 받아온 무슬림형제단 △극단적인 이슬람원리주의를 내세우며 인질의 목을 자르는 것으로 악명이 높은 이슬람국가(IS) △쿠르드족 민병대 등 여러 갈래로 나누어져 있다.

시리아 독재 정권에 반대하는 사람들이 모여 만든 가장 상위의 연합체는 '시리아혁명과저항세력국민연합'(National Coalition for Syrian Revolutionary and Opposition Forces. 줄여 '국민연합')이다. 2012년 11월 카타르 도하에서 시리아의 반정부 세력들이 모여 만들었다. 22개 아랍 국가들의 지역 기구인 아랍국가연맹(The League of Arab States)은 2011년 11월부터 회원 자격이 정지된 시리아 정부를 대신하는 대표성을 (이라크, 레바논 등 시리아 정부와 미묘한 이해관계를 지닌 국가들의 반대를 무릅쓰고) '국민연합'에게 인정해 주고 있다. 1919년 중국에서 우리 독립 운동가들이 모여 상해 임시정부를 세웠듯이, '국민연합'은 시리아 임시정부의 성격을 지녔다.

국민연합은 여러 반정부 조직들이 함께 하고 있지만, 그 가운데 가장 큰 것은 시리아국민연합(Syrian National Coalition, SNC)과 자유시리아군(Free Syria Army, FSA)이다. 이들은 서구 사회와 걸프 지역 국가들로부터 지원을 받고 있기에 언론 보도를 통해 국제적으로 널리 이름이 알려져 있다.

▌ 미국이 지원하는 자유시리아 대원이 M2 중기관포를 조작하고 있다. ©Mada Media

SNC는 2011년 8월 터키 이스탄불에서 시리아 무슬림형제단 간부들을 비롯해 알아사드 정권에 반대해 정치적 망명을 한 사람들을 주축으로, FSA는 이보다 약간 앞선 2011년 7월 말에 시리아 정부군에서 탈영한 전직 장교들을 주축으로 만들어졌다. 유엔 안보리상임이사국 가운데 3개국(미국, 영국, 프랑스), 유럽연합, 터키, 걸프 지역의 6개국(사우디아라비아, 카타르, 쿠웨이트, 바레인, 아랍에미리트, 오만)은 정치조직인 SNC와 연결된 무장 조직 FSA에 전투장비와 자금을 대 주고 있다.

FSA에는 시리아 정부군에서 도망친 장교와 병사들이 들어와 힘이 더 커졌다. FSA 지도부는 출범 선언에서 그들의 투쟁 대의를 다음과 같이 밝혔다.

"우리는 알아사드 살인 군대인 시리아공화국수비대로부터 독립을 선언한다. 그들은 시리아 전국에서 비무장 민간인들을 살해했고 수천 명의 시위대를 구금해 고문을 하며 잔혹행위를 저질렀다. 우리의 모든 병사들은 살인 군대에 맞서 알라(이슬람 종교의 신)가 승리를 주실 때까지 다른 모든 전사들과 함께 싸울 것을 맹세한다. 우리의 꿈은 시리아 국민 다수가 바라는 민주적 정부를 세우는 데 이바지하는 것이다"

시리아는 종교적으로는 이슬람 수니파냐, 시아파냐, 지역적으로는 어느 지역 출신이냐로 갈려 오랫동안 불편한 관계를 이어왔었다. FSA에 입대한 젊은이들은 민주화라는 공통의 목표를 지녔기에 지역이나 종파의 차이를 넘어 싸워왔다. 물론 독재자 알아사드가 시아파(좀 더 좁혀보면 시아파의 한 분파인 알라위파)이므로, 반군엔 수니파에 속하는 젊은이들이 훨씬 많은 편이다.

이슬람근본주의 성향의 과격 반군

미국과 유럽 국가들이 지원하는 친서방 무장 조직 FSA와는 달리 이슬람 근본주의 성향을 보이는 또 다른 반정부 무장 조직들이 있다. 이슬람근본주의는 세속적인 이슬람과는 달리 이슬람 교리가 국가나 개인 생활에서 엄격하게 지켜져야 한다는 믿음을 가리킨다. 대체로 미국과 서유럽에 적대적인 성향을 보인다. 서구 사회에서는 이들을 가리켜 '이슬람근본주의자들', 또는 '이슬람원리주의자들', '과격 이슬람 세력'이라 일컫는다.

시리아 독재 정권에 맞서 싸우는 이슬람근본주의 조직 가운데 대표적인 것이 '이슬람전선'이다. '시리아이슬람전선' 등 여러 조직으로 흩어져 싸우던 7개 반군 단체가 2013년 11월 '이슬람전선'을 결성했다. 이 조직에 속한 전투원 규모는 한때 4만 5천 명에 이르렀다. 투쟁목표는 알아사드 정권 타도와 이슬람 국가 건설이다. 이들은 사우디아라비아, 카타르를 비롯한 걸프 지역 산유국들의 은밀한 지원을 받아 왔다. 무장력에서나 전투력에서 자유시리아군(FSA)을 앞서는 반군 조직이다.

▎ 여러 시리아 반군 조직의 하나인 알누스라전선 무장대원들. ©'시리아의 비가' 다큐

시리아 반군들을 말하면서 빼놓을 수 없는 조직이 알누스라전선(Al-Nusra Front, ANF)이다. 이들은 이슬람근본주의 성향을 보이면서도 '이슬람전선'에 가담하지 않았다. 수도 다마스쿠스와 시리아 북부 제1의 도시인 알레포에서 자살 폭탄 공격으로 정부군의 간담을 서늘하게 만든 매우 전투적인 조직이다. 병력은 약 6천~1만 명 규모로, 시리아 정부군이 가장 두려워하는 무장 세력으로 꼽힌다.

ANF 지도자 아부 모하마드 알골라니는 오사마 빈 라덴이 사살된 뒤 알카에다를 이끌고 있는 아이만 알자와히리(이집트 의사 출신)와도 한때 가까운 관계를 맺었던 것으로 알려졌다. 미국을 비롯한 서방국가들은 ANF를 '테러단체'로 낙인찍었다. 하지만 '이슬람전선'은 "지하드(성전)에서 우리를 지원하는 형제들인 ANF와 함께 손을 잡고 시리아 정부군에 맞서 싸우겠다."는 입장을 밝혔다.

위의 이슬람전선과 알누스라전선은 그들보다 더 극단적인 이슬람근본주의 무장 조직인 이슬람국가(IS)와 세력 다툼을 벌이며 충돌하기도 했다. IS는 붙잡힌 포로나 인질들의 목을 칼로 내리치는 잔혹 행위로 전 세계 사람들에게 충격을 안겨준 조직이다. 2014년 무렵부터 세력을 급속히 키운 IS에게 밀리는 바람에, 이슬람전선과 알누스라전선은 조직원들의 상당수를 IS에 빼앗겼다. 그 과정에서 서로를 향해 총격전을 벌이기도 했다. (IS에 대해선 제7장에서 좀 더 자세히 살펴본다.)

그렇게 싸우는 모습을 누가 즐겁게 바라봤을까. 다마스쿠스에 똬리를 튼 독재자 알아사드의 입장에서는 적들끼리 싸우는 것이니 흐뭇한 미소를 지었을 것이다. 그런 분열 뒤인 2017년 알누스라전선은 다른 이슬람근본주

시리아 인구 1천 8백만 명(2017년 추정) 가운데 △수니파 무슬림은 74%로 시리아 사람 4명 가운데 3명은 수니 무슬림이다. 나머지는 △시아파 무슬림 13%(시리아 독재자 알아사드가 속한 알라위파), △기독교 10%, △드루즈 3% 등이다. 시아파의 한 분파인 알라위파 사람들은 세속적인 성향을 보이며 이슬람 근본주의 성향과는 거리가 멀다. 독재자 알아사드가 알라위파에 속한다.

이슬람 시아파나 수니파 모두 시리아 전쟁이 종파 간의 전쟁이 아니라고 주장한다. 시리아 정부는 정부대로 반란을 진압하고 테러 위협으로부터 사회질서와 안정을 되찾으려는 노력이며, 반란군은 독재 정권을 무너뜨리려 싸울 뿐이라 주장한다. 시리아 독재자 알아사드는 기회 있을 때마다 테러분자들의 위협으로부터 국가의 안정을 지키겠다고 강조한다. 시리아의 다수를 차지하는 수니파가 결코 그의 적이 아니라는 의미를 담고 있다.

의 무장단체들과 함께 '하야트 타흐리르 알샴(샴 해방기구, HTS)'을 결성하였다. HTS는 친서방 반군 조직인 FSA를 압도하는 최대 반군 조직이다. 시리아 서북부 지역을 근거지로 삼아 정부군과의 전투를 벌이고 있다.

반군끼리 세력 다툼 벌이기도

시리아 전쟁을 말하면서 쿠르드족을 빼놓을 수는 없다. 시리아에서 전쟁이 터진 뒤인 2012년 7월 쿠르드족의 여러 정파들이 모여 쿠르드최고위원회(Kurdish Supreme Committee)를 만들었다. 이 최고위원회는 시리아 안의 소수민족으로 약 150만 명(인구 구성비로 7.3%)인 쿠르드족의 정치적 이해관계를 대변

한다. 2003년 사담 후세인 정권 몰락 뒤 이라크 북부에서 자치권을 누리고 있는 쿠르드인들의 재정적 지원을 받는 것으로 알려졌다. 쿠르드족 출신들이 주력인 '시리아 민주군(SDF)'은 미국의 지원을 등에 업고 이슬람국가(IS) 전사들과 치열한 전투를 치렀다. 그 가운데 이름이 널리 알려진 '인민수호부대(YPG)'는 SDF의 하부조직이다. (쿠르드족에 대해선 제8장에서 좀 더 자세히 다룬다.)

지금까지 살펴보았듯이 시리아 반군들은 알아사드 독재 체제를 뒤엎는다는 공동의 목표를 가졌지만, 각기 정치적 성향이나 이념이 다르다. 그렇기에 모두가 하나로 통합된 조직으로 뭉쳐 반정부 투쟁을 위한 통합적인 역량을 이뤄내지 못했다. 때로는 세력 다툼을 벌이면서 서로에게 총질을 해대 다마스쿠스의 독재자 알아사드를 즐겁게 만들기도 했다.

▌ 전쟁 초기 시리아 정부군에 탈영병이 많이 생겨났기에 일부 미성년자들도 총을 잡았다.
©Hossein Zohrevand

이렇게 보면, 주적이 누구인지, 아군이 누구인지 뚜렷이 선이 그어져 있지 못하고 바로 눈앞의 이해관계에 따라 싸우는 것이 시리아 전쟁의 한 특징이기도 하다. 전쟁이 해를 거듭할수록 반군의 기세가 예전보다 못한 데는 여러 원인이 있겠지만, 반군 조직들 사이의 고질적인 내분이 악영향을 끼친 것으로 풀이된다.

7

이슬람국가(IS)와 미국의 군사개입

2011년 시리아에서 전쟁이 벌어진 뒤 처음 몇 해 동안은 정
부군과 반군 사이엔 어느 한쪽이 우세한 것이 아닌,
이른바 '힘의 균형 상태'에 있었다. 시리아 정부군은 반군을 압도할 수가 없
었다. 아랍의 봄바람을 타고 민주화를 요구하는 시민들의 기세에 밀렸고, 탈
영병들이 많이 생겨나는 바람에 사기가 떨어진 정부군은 반군을 상대로 전
투를 제대로 벌이지 못했다. 반군은 반군대로 여러 갈래로 나뉘어져 힘을 하
나로 모으지 못해 수도 다마스쿠스로 진격해 들어가지 못했다.

▌이슬람국가(IS)의 잔인한 집단처형 장면. ©'시리아의 비가' 다큐

┃ 이슬람국가(IS)의 잔인한 집단처형 장면. ⓒ'시리아의 비가' 다큐

　그런데 2013년부터 정부군과 반군 사이의 '힘의 균형 상태'가 깨지는 여러 조짐들이 보이기 시작했다. 그 중심엔 바로 '이슬람국가(IS)'가 있었다. IS는 점령 지역에서 포로로 잡은 이들을 잔혹하게 처형함으로써 공포를 확산시키고 적의 저항 의지를 누르면서 세를 불려나갔다. 초반에 보잘 것 없던 IS의 병력 규모는 3만 명으로 늘어났다. 15살도 안 된 소년들을 입대시킨 것도 머릿수를 늘린 데 한몫했다(2015년 '김 군'으로만 알려진 한국 10대 소년이 IS에 들어갔지만, 지금은 실종 상태. 미군의 공습으로 죽었다는 얘기가 있지만 어디까지나 추정일 뿐이다.).

　모술 전투 당시 이라크군은 전투다운 전투 한 번 제대로 못 한 채 남부 바그다드나 동북쪽 쿠르드 지역으로 도망치기에 바빴다. 군사적 패배뿐 아니라 미국의 이라크 안정화 정책이 실패로 돌아갔음을 뜻했다. 미국은 이라크의 세 정파(수니-시아-쿠르드)가 조화롭게 공존하는 다민족사회를 꿈꾸었지만, IS는 이라크 상황을 어렵게 만들었다.

　IS에겐 2003년 미국의 이라크 침공으로 붕괴된 후세인 정권 시절의 이라 이슬람국가(IS)란?

이라크 출신의 이슬람 신학자 아부 바크르 알바그다디(1971년생)를 최고 지도자로 한 무장 조직이다. 극단적인 이슬람근본주의 성향을 지닌 IS의 전신은 ISIS(이라크시리아이슬람국가)였다. 2013년 3월 시리아 동북부 라카주의 주도 락까를 접수했고, 2014년 1월에는 이라크 서북부 안바르주 대부분을 차지했다. 이라크 정부는 5개 사단을 투입, 안바르주 탈환작전을 폈으나 사상자 5천 명, 탈영병 1만 2천 명을 내고 물러나야 했다.

이 승리를 바탕으로 같은 해 6월 인구 100만의 이라크 제2도시 모술을 점령했다. 모술 은행에 있던 5억 달러의 현금을 챙긴 데다, 점령지 유전에서 나는 원유를 터키에 밀수출해 벌어들인 군자금으로 세력을 키웠다. 자신감을 얻은 알바그다디는 드디어 국가의 이름을 조직명에 달아 2014년 6월 '이슬람국가(IS)' 출범을 선포했다.

시리아 북부 락까를 수도로 삼은 IS는 시리아 동북부와 이라크 서북부를 아우르는 넓은 영토를 지배했다. 한반도보다 더 넓은 영토를 점령한 IS는 시리아 알아사드 독재 정권은 물론 이라크 친미 정권을 위협하는 강력한 무장 세력으로 올라섰다. 국제사회는 IS 세력을 '국가'로 인정하지 않았다. 2014년 9월부터 시작된 미국의 공습, 2015년 9월부터 시작된 러시아의 공습 그리고 미군의 지원을 받는 시리아 쿠르드족 민병대의 공격을 받아 2017년 10월 수도 락까를 빼앗겼고, 근거지를 잃은 IS 대원들은 사방으로 흩어졌다.

크 정부군 출신들이 상당수 합류했다. 친미 이라크 정부의 시아파 독재에 피해를 보았다고 여기는 수니파들도 IS에 지지를 보냈다. 2017년 10월 근거지였던 시리아 락까에서 쫓겨나기 전까지 IS는 시리아는 물론 이라크에도 엄청난 영향을 끼쳤다.

한반도보다 큰 칼리프 국가 선언

중립적인 표현으로 '반군 집단'이라 할 IS가 '국가'의 모습으로 중동 지역에 출현한 것은 여러 의미를 담고 있다. 미국을 비롯한 서방의 시각으로 보면 IS는 '테러 집단'에 지나지 않는다. 이슬람권 국가들은 물론이고 어느 나라도 IS를 정식 국가로 인정하지 않았다. 하지만 알바그다디를 비롯한 IS 지도부의 시각에서 보면, 예언자 마흐무드 때부터 이슬람권의 지배 체제였던 칼리프(Caliph) 국가를 다시 세웠다고 볼 수 있다.

시리아 동북부 중심도시 락까를 수도로 삼은 IS가 다스리던 영토는 이라크 국토의 4분의 1과 시리아 동부와 북부 등으로, 그 넓이는 24만㎢ 정도로 한반도보다는 조금 넓고 영국과 비슷한 정도다. 9.11테러가 일어나 미국의 공격을 받는 바람에 무너졌던 아프가니스탄의 탈레반 정권처럼 IS는 점령지에서 이슬람 율법(샤리아)에 따른 엄격한 신정 통치를 폈다. 이를 받아들이려 하지 않는 이들을 아주 엄하게 처벌했다. 붙잡힌 미국인, 영국인, 일본인들의 목을 잇달아 자르면서 동영상으로 그 사실을 전 세계에 퍼뜨려 전 세계 사람들에게 충격을 안겨주기도 했다.

IS는 미국이 그동안 테러와의 전쟁을 벌이며 공격목표로 삼아왔던 알카에다와는 비교할 수 없을 정도로 막강한 세력을 이루었다. 9.11 테러 뒤 미국의 집중 공격으로 허약해진 알카에다를 대신해 IS는 반미-반이스라엘 이슬람 무장 세력을 대표하는 중심으로 떠올랐다.

미국이 군사개입을 망설이며 저울질하는 사이에 IS가 결정적으로 미국과 서방국가들을 자극하는 일들이 벌어졌다. IS에 붙잡힌 미국과 영국의 기자들이 잇달아 참수 당하는 일을 두고 보기 어렵게 됐다. 더 이상의 인질 참

수는 막아야 한다는 목소리가 높아지면서 결국 미국이 무력 개입에 나섰고 2014년 9월부터 공습이 이어졌다. 그동안 미국이 무기를 대주고 지원해왔던 시리아 반군의 주적인 시리아 정부군을 겨냥한 것이 아니라, '이슬람국가(IS)' 라는 특정 반군 세력을 공격 목표로 삼았다.

누구를 위한 공습이었나?

여기서 물음을 하나 던져본다. 미국이 시리아 전쟁에 개입해 IS를 공습하면 도대체 누구에게 이로울까? 다시 말해서 누가 미군 공습의 수혜자가 될까? 덕을 본 쪽은 두 부류로 모아진다. 하나는 시리아 독재 정권이고, 다른하나는 '21세기의 깡패국가'라는 오명을 얻고 있는 이스라엘이다.

첫째, 시리아 알아사드 독재 정권이 수혜자다. 알아사드는 미국의 공습이 더없이 고마울 것이다. '이슬람국가(IS)'는 여러 시리아 반군 조직 가운데 가장 세력이 강하고 전투적인 투쟁성을 지녔기에 시리아 정부군조차 두려움을 품었다. IS 세력이 더 커지면 그 칼날의 끝은 알아사드 정권의 심장부인 다마스쿠스로 향할 것이 불을 보듯 뻔했다. 그런 위기 상황에서 미국이 IS를 겨냥한 공습에 나섰으니, 독재자 알아사드로선 엄청난 원군을 만난 셈이다.

돌이켜 보면, 알아사드 독재 정권은 입만 열었다 하면 "우리도 테러와의 전쟁을 벌인다."고 주장해왔다. 2001년 9.11 테러 뒤 시리아의 정보기관들은 알카에다를 비롯한 전투적 이슬람 조직들에 관한 정보들을 미국에 제공했다. 미국에 정보를 넘긴 데는 알아사드 나름의 교활한 정치적 계산이 스며있었다. 그는 사담 후세인의 이라크처럼 반미-반이스라엘 노선을 걸어온 시리아의 정권 교체를 노리는 미국의 압박 수위를 낮추고자 했다.

아울러 시리아 체제를 위협하는 골칫거리 인사들의 이름을 '테러분자 명단'에 올려 미국에 넘겨줌으로써 손에 피를 묻히지 않고 시리아의 국내정치 안정을 꾀하려 했다. 시리아 민주화를 열망하는 시민들의 눈으로 보면, 독재자 알아사드야말로 (공포정치로 민중을 두려움에 떨게 해온) 최악의 테러리스트였다.

둘째, 이스라엘도 미 공습의 수혜자이다. 이스라엘 강경 우파 정권을 이끌고 있는 베냐민 네타냐후 총리의 관심사는 (시리아 민주화와 안정이 아니라) 알아사드 독재 정권이 무너진뒤 누가 다마스쿠스를 접수할 것이냐였다. 이란 이슬람 혁명(1979년)의 최고 지도자 아야톨라 호메이니 같은 강성 인물이 다마스쿠스를 접수한다면, 이스라엘로선 안보 위협을 느껴야할 상황에 부딪치게 된다. 1967년부터 시리아 골란고원을 점령 중인 이스라엘로선 다마스쿠스에 강성 반이스라엘 정권이 나타나는 것은 최악의 시나리오이다. 시리아에서의 IS 세력 확대에 걱정을 하던 예루살렘 거리의 유대인들은 미국의 공습 소식에 박수를 치며 기뻐했다.

결국 여기서 미국의 중동 정책의 우선순위가 어디에 있음이 드러난다. 다름 아닌 이스라엘 안보와 중동 석유의 안정적 수급이다. 최우선 동맹국인 이스라엘의 안보를 챙기고, 아울러 사우디아라비아를 비롯한 친미 산유국들의 안보를 챙겨주면서 그 대가로 미국으로 석유가 안정적으로 공급되도록 하는 것이 미 중동 정책의 두 가지 핵심이다.

시리아에 대한 미국의 최대 관심은 민주화나 내전 종식에 따라 시리아 사람들이 전쟁의 공포로부터 벗어나는 것이 아니다. 시리아 전쟁이 최대 동맹국인 이스라엘과 중동 산유국들의 안보, 그리고 중동 유가에 어떤 영향을 미치는가에 모아져 있다. 이스라엘과 중동 독재국가들에 대한 미국의 지원이 그곳 정치지형에 여러 해악을 끼쳐왔음을 잘 알고 있는 중동 지역 사람들은 미국의 IS 공습이 도대체 누구를 위한 것인가 하며 고개를 갸우뚱했다.

미국-러시아의 공격 뒤 IS 몰락

▌ IS 무장대원을 겨냥하는 쿠르드족 여자 저격병. ©BijiKurdistan

2014년 9월부터 시작된 미국의 공습 그리고 꼭 그 1년 뒤인 2015년 9월부터 시작된 러시아의 공습은 IS의 몰락을 재촉했다. 공습과 아울러 미국은 2016년 중반부터 미 해병대 5백 명을 포함한 2천 명의 병력을 시리아 북부로 보내, 그곳 쿠르드족 민병대와 함께 IS의 근거지를 공격해 들어갔다. 쿠르드족 민병대는 미국이 무기를 대주고 훈련을 시킨 시리아민주군(SDF)이었다.

▌ 쿠르드족 병사에게 포로로 붙잡힌 IS 조직원. ⓒAhmad Shamlo Fard

2017년 IS의 중심지인 락까가 함락된 것은 시리아 전쟁에서 중요한 사건으로 기록된다. 한때 시리아 동북부와 이라크 서북부를 점령하고 '국가'를 세웠다고 큰소릴 쳤던 IS 무장 대원들은 상당수가 전투에서 죽거나 포로가 됐고, 나머진 뿔뿔이 흩어졌다. 초강대국인 미국이 같은 방식으로 좀 더 일찍 시리아 전쟁에 무력 개입했더라면 어땠을까? 벌써 전쟁이 끝나지 않았을까? 그랬더라면 시리아 아이들이 전쟁으로 고통받는 날이 훨씬 짧아졌을 것이다.

이 책의 제11장에서 다시 살펴보겠지만, 강대국의 군사개입이 바람직한 것은 물론 아니다. 군사적 수단보다는 외교적 수단으로 평화를 가져오는 것이 가장 바람직한 길이다. 미국이 시리아에 굳이 군사개입하지 않더라도 좀 더 적극적으로 시리아 독재 정권을 외교적으로 압박했더라면, 시리아의 상황은 크게 달라졌을 것이란 아쉬움이 남는다.

비운의 민족,

시리아 쿠르드족(Kurd)

전 세계에서 나라를 이루지 못한 채 살고 있는 민족들은 많다. 1948년 유대인들이 그때껏 지도상에 없던 '이스라엘'이란 나라를 팔레스타인 땅에 세우면서 밀려난 팔레스타인 민족도 그 가운데 하나다. 하지만 머릿수로 따지면, 쿠르드(Kurd)족은 지구상에서 하나의 국가를 이루지 못한 민족 가운데 가장 인구가 많다. 머릿수는 약 3천만~3천 7백만 명에 이른다. 유엔에 가입한 193개 국가 가운데 인구가 겨우 몇 만 명밖에 안 되는 작은 나라들도 여럿이다. 인구 3천만 명이라면 어엿한 국가를 이루고도 남을 만한데도 그러질 못했다.

시리아에는 쿠르드족이 2백만 명쯤 산다. 주로 시리아 북부 지역에 몰려 사는 쿠르드족은 전쟁이 터지기 전에도 시리아 독재자 알아사드로부터 탄압을 받아 왔었다. 그렇기에 이번 전쟁을 기회로 삼아 쿠르드족은 시리아 중앙 정부로부터 분리 독립을 하거나 적어도 자치 정부를 세우길 바랐다. 그런 꿈을 이루기 위해 초강대국인 미국이 바라는 대로 극단적 이슬람 무장 조직인 '이슬람국가(IS)'를 무너뜨리기 위해 총을 잡고 싸웠다.

하지만 결과는 얻은 것이 없다. 오히려 2018년 터키로부터의 군사 공격을 받아 근거지인 시리아 북부 아프린 지역을 터키군에게 점령당했다. 그 과정

집중탐구 국가를 이루지 못한 최대 민족, 쿠르드족

중동의 여러 나라에 흩어져 사는 쿠르드족은 아랍인, 페르시아인(이란인), 터키인 다음으로 중동 지역에서 많은 인구를 차지한다. 정확한 숫자는 통계 자료마다 다르고, 쿠르드 사람들조차 제대로 알지 못한다. 대체로 약 3천만 ~3천 7백만 명쯤으로 알려져 있다. 그런 규모에도 국가를 이루지 못한 비운의 민족이다.

이들이 많이 살고 있는 지역은 터키와 시리아, 이라크, 이란 등이 국경으로 맞닿아 있는 산악 지대로, 면적은 30만km² 쯤으로 한반도의 1.5배쯤이다. 이 지역을 쿠르드족은 흔히 '쿠르디스탄'이라 부른다. '쿠르드족의 땅'이라는 뜻이다. 5백 년 전에만 해도 이곳엔 '메데'라는 이름의 쿠르드족 왕국이 있었다. 하지만 16세기에 오스만제국(지금의 터키)과 페르시아의 사파피 왕국(지금의 이란)이 메데 왕국을 둘로 갈라 나누어 차지하는 바람에 지도상에서 영원히 사라졌다.

시리아, 터키, 이라크, 이란에 가면 쿠르드족을 쉽게 만날 수 있다. 이들 쿠르드족은 터키에 가장 많다. 터키엔 무려 1천 5백만 명의 쿠르드족이 터키 동부지역에 살고 있다(터키 전체 인구의 20%). 이란에 사는 쿠르드족은 8백만(이란 전체 인구의 10%), 이라크 쿠르드족은 6백만 명(이라크 전체 인구의 약 17%), 시리아에는 쿠르드족이 2백만 명(시리아 전체 인구의 약 12%)에 이른다. 이를 비율별로 정리하면, 쿠르드족 전체 인구의 45%는 터키에, 24%는 이란에, 18%는 이라크에, 6%는 시리아에 살고 있다. 이들은 대부분 이슬람 종교를 믿고 있으며 수니파에 속한다.

에서 수백 명의 쿠르드족 민병대원들이 죽고 1천 명 넘게 포로로 잡혔다. 수십만 명의 쿠르드족이 터키군의 공격을 피해 동쪽으로 피란 보따리를 싸야 했다. 쿠르드족은 왜 이런 어려운 상황에 빠져 있을까? 시리아 전쟁에서 쿠르드족이 몸을 던져 도와주었던 미국은 왜 터키로부터 쿠르드족을 지켜주질 않고 팔짱만 끼고 구경만 하고 있을까? 그 역사적 배경부터 차근차근 살펴보기로 하자.

"우리의 꿈은 독립국가"

중동 지역 취재 때 만난 쿠르드족 사람들에게 "당신들의 가장 큰 희망이 무엇입니까?" 하고 물어보면, 그들은 한결같이 "우리의 꿈은 독립국가를 이루는 것이에요."라고 입을 모은다. 지난날 여러 아픔의 역사를 지녔기에 쿠르드족은 '비운의 민족'이라 일컬어진다. 쿠르드족이 독립국가를 노릴까봐 터키를 비롯한 중동 국가들은 쿠르드족을 무력으로 공격해 많은 희생자를 냈다. 쿠르드족은 쿠르드족대로 터키, 시리아, 이라크, 이란 등 지역별로 나뉘어 서로 다른 목소리를 내면서 단합하지 못해 독립국가를 이루는 데 힘을 모으지 못했다.

쿠르디스탄 산악지대에서 오랫동안 유목민 생활을 해온 쿠르드족이 어엿한 나라를 이루지 못한 것은 무엇 때문일까? 따지고 보면 결국 전쟁 때문이었다. 이들이 살던 쿠르디스탄 지역은 중세 시대부터 20세기 초까지 오스만제국(지금의 터키)의 지배 아래 있었다. 제1차 세계대전에서 독일과 동맹을 맺었으나 전쟁에서 패한 뒤, 전승국인 영국과 프랑스는 중동 지역의 국경선을 멋대로 그었다.

오스만제국의 영토는 크게 줄어들었고 그것이 오늘날의 터키공화국이다. 터키와 이웃나라인 시리아, 이라크, 이란에 걸쳐 살던 쿠르드족은 오스만제국의 분해와 더불어 각기 다른 나라 국민으로 바뀌었다. 쿠르드족이 하나로 통일된 독립국가를 이루려고 애를 쓰지 않은 것은 아니었지만, 힘이 모자랐기에 뜻을 이룰 수 없었다. 터키, 시리아, 이라크, 이란 등이 쿠르드족의 독립을 반대한 것은, 만에 하나 그 많은 인구를 지닌 쿠르드족이 독립할 경우 국경선에 큰 변화가 생겨나기 때문이다.

중동 지역의 다수는 아랍어를 쓰는 아랍인인데 비해, 쿠르드족은 자신들의 언어인 쿠르드 말을 하는 민족이다. 비록 같은 이슬람교를 믿고 있기는 해도 아랍족 사람들과는 여러 면에서 다르다. 쿠르드족이 많이 살고 있는 중동 4개국(터키, 이라크, 이란, 시리아)이 20세기 내내 보여 왔던 공통점은 쿠르드족의 독립 또는 자치 요구를 묵살하고 탄압해 왔다는 점이다. 특히 가장 많은 쿠르드족이 살고 있는 터키는 오랫동안 쿠르드어 방송과 교육을 법적으로 금지하는 탄압 정책을 펴왔다. 쿠르드족의 독립국가 건설을 투쟁 목표로 삼은 쿠르드노동자당(PKK)은 터키 정부에 맞서 30년 넘게 무장투쟁을 벌여 왔기에, 터키 정부는 이들을 테러 단체로 낙인 찍었다. 1984년 이후로 지금까지 터키 정부와 PKK 사이의 유혈 분쟁으로 4만 명이 죽은 것으로 알려졌다.

IS 근거지 락까 함락시킨 주역

시리아에 사는 2백만 명의 쿠르드족도 다른 지역의 쿠르드족과 마찬가지로 모진 시련을 겪어왔다. 1946년 시리아가 프랑스 식민 지배에서 독립한 뒤 이웃 나라 터키나 이라크의 쿠르드족과 마찬가지로 중앙정부로부터 탄

▍ 시리아 정부의 억압에 항의하는 시위를 벌이는 쿠르드족. ©KurdWatch.org

압을 받았다. 시리아 쿠르드족은 1986년과 2004년, 두 차례에 걸쳐 시리아 정부의 탄압 정책에 맞서 대규모 항의 시위를 벌인 적도 있었다. 하지만 돌아온 것은 시리아 경찰의 곤봉과 정부군의 총탄이었다. 쿠르드족 봉기는 많은 사상자들을 내면서 곧 진압되었다. 그 뒤로 시리아 쿠르드족은 알아사드 독재 정권의 강력한 정치적 탄압 아래 독립은커녕 자치권을 늘려달라는 목소리도 내지 못했다.

2011년 시리아에서 전쟁이 터지면서 쿠르드족에게 다시 기회가 다가왔다. 곳곳에서 일어난 유혈 사태로 시리아 독재자 알아사드의 통제력이 예전에 견주어 훨씬 떨어졌다. 쿠르드족은 이 전쟁을 기회로 삼아 시리아 정부로부터 독립을 하거나, 독립국가를 못 이루더라도 적어도 쿠르드족의 자치권을 늘릴 기회가 주어졌다고 판단했다. 인민수호부대(YPG)라는 이름의 민병대를 조직해 적극적으로 자치 활동을 벌였다. 한걸음 더 나아가 2014년에 '로자바'

라는 이름의 쿠르드족 자치정부 수립을 선포하고 나섰다.

독재자 알아사드는 협상을 통해 쿠르드족에게 자치정부를 허락할 수도 있다는 뜻을 밝히기도 했다. 전쟁으로 중앙정부의 힘이 약해진 상황에서 나온 얘기라서, 쿠르드 사람들은 100% 그 말을 믿지 않는다. 막상 전쟁이 알아사드의 승리로 매듭지어진다면 언제 그랬느냐는 식으로 나올 가능성이 크다고 보기 때문이다.

▌ 미군과 함께 이슬람국가(IS) 세력을 공격해 락까에서 몰아낸 시리아 쿠르드족 무장 대원들.
©Zana Omer

시리아 쿠르드족으로 이뤄진 인민수호부대(YPG)는 2천 명의 미군들과 손을 잡고 극단적 이슬람집단인 이슬람국가(IS) 세력에 맞서 전투를 벌였다. 2017년 10월 시리아 민주군(SDF)이 미군의 지원을 받아 이슬람국가(IS)의 중심지인 시리아 북서부 도시 락까를 점령할 때도 쿠르드족이 큰 힘을 보탰다.

시리아 민주군(SDF)의 주력이 쿠르드 전사들로 이뤄진 인민수호부대(YPG)였다. 이 무렵 쿠르드 사람들은 미국이 쿠르드족의 독립 또는 자치를 도와줄 것이라 여겼다. 하지만 그것은 곧 헛된 희망이었음이 드러났다. 여기에는 터키와 미국이 얽혀 있다.

▌ 미군과 함께 이슬람국가(IS) 세력을 공격해 락까에서 몰아낸 시리아 쿠르드족 대원들의 행진 모습. ©Kurdishstruggle

"강대국에 이용만 당했나?"

터키 정부는 시리아 전쟁이 터지기 전부터 오랫동안 터키 서부 지역에서 쿠르드족의 분리 독립 움직임으로 문제로 유혈 충돌을 빚어왔었다. 시리아에서 전쟁이 터지고 시리아 정부의 힘이 약해진 상황에서 쿠르드족이 미국의 지원을 받아 극단적 이슬람 무장 세력인 이슬람국가(IS)를 상대로 전투를 벌이면서 세력을 키우자, 시리아와 국경을 맞댄 터키 정부는 불안감을 느끼기 시작했다. 이웃 시리아의 쿠르드족이 터키 안의 쿠르드족과 손을 잡고 분리 독립을 추진하는 상황은 터키로선 악몽과 같은, 전혀 바람직하지 않은 일이다.

결국 2018년 1월 터키군은 쿠르드 테러분자들을 소탕한다는 명분을 내세워 시리아 국경을 넘어섰다. 군사 작전에 붙인 이름은 '올리브가지' 작전. 탱크와 전투기를 앞세운 터키군은 '올리브가지' 작전을 편 지 2개월 만에 시리아 북서부 요충지인 아프린마저 차지했다. 시리아 안의 쿠르드족은 터키군에 쫓겨 시리아 북서부로 밀려났다.

시리아 쿠르드족은 바로 얼마 전까지 이슬람국가(IS)를 상대로 한 전투에서 손을 맞잡았던 미국에게 도와 달라고 요구했다. 하지만 트럼프 대통령은

▌ 이슬람국가(IS)의 학살을 피해 터키 국경 가까이로 피란 온 시리아 쿠르드족 난민 할머니와 손자.
©James Gordon

모르는 척하며 고개를 다른 데로 돌렸다. 미국은 시리아 쿠르드족이 IS 세력과의 전투에 앞장 선 것은 고맙지만, 터키가 쿠르드족 공격에 나서는 것을 비난하고 나설 수도 없다. 터키는 미국에게 전통적으로 중요한 동맹국이기 때문이다. IS 격퇴진이 끝나자 쿠르드족은 '토사구팽(토끼 사냥이 끝나사 주인이 사냥개를 삶아 먹는다)'이나 다름없는 상황에 내몰린 모습이다.

시리아 쿠르드족은 IS와 격전을 치르면서도 그 '피의 대가'로 시리아 북부에서 자치정부를 세우는 것이 꿈이었다. 하지만 현실은 가혹하기만 하다. 시리아 알아사드 정권도 쿠르드족이 장기적으로는 정권에 위협적인 존재라고 여기기에, 터키군이 시리아 영토를 침범해 들어와서 쿠르드를 공격하지만 이를 못 본 체 하고 있다. 쿠르드족은 "그렇다면 우린 또 강대국에게 이용당한 거냐?"라며, 지구상의 힘없는 민족이 느껴야 하는 설움을 곱씹고 있다.

시리아에서 벌어진 전쟁범죄

시리아

정부군이 반군에 비해 압도적인 군사력을 보이는 부문은 공군력이다. 260대의 전투기와 공격용 헬리콥터는 반군에게 위협적이다. 시리아 공군은 반군 근거지뿐 아니라 시민들이 밀집해 사는 주거지역을 마구 폭격해 세계적인 비난을 샀다. 폭격을 맞은 지역은 정상적인 생활이 어려운 콘크리트 더미로 바뀌기 마련이다. 아파트단지 등 사람들이 모여 사는 주거지를 마구 폭격해 대는 바람에 '전쟁범죄급 폭격'이란 비난을 받을 정도였다.

마구잡이 폭격으로 비무장 시민들이 죽고 다치는 것을 국제사회는 걱정스러운 눈길로 바라보면서 시리아 정부를 비난했다. 하지만 독재자 알아사드는 "우린 테러분자들을 소탕하기 위해 싸울 뿐이다."라고 주장하면서 국제사회의 싸늘한 눈길에 아랑곳하지 않는다. 그렇지만 정부군의 마구잡이 포격으로 죽는 사람들 가운데는 아이들도 많이 포함돼 있다. 그들이 독재자 알아사드의 말대로 테러리스트는 결코 아닐 것이다.

폭격으로 아파트가 무너져 내리는 바람에 콘크리트 더미에 깔려 죽거나 심하게 다친 아이들의 모습을 전하는 국제 뉴스는 세계인의 마음을 아프게 만들었다. 그뿐 아니다. 알아사드 정권은 환자들이 입원한 병원이나 도서관,

우체국 같은 공공건물을 향해서도 '테러리스트 반군을 소탕한다.'는 구실을
내세워 마구 폭탄을 퍼부어대는 만행을 저질러왔다.

"이건 전투가 아니라 학살이야!"

"미사일이나 로켓이 하늘에서 내리는 비처럼 쏟아졌다. 우린 죽을 순서를
기다렸을 뿐이다. 이건 서로 싸우는 전투가 아니라 일방적인 학살이야!"

공습을 겪은 시리아 시민들은 공습 순간을 돌아보며 이렇게 몸서리를 쳤
다. 사람들은 죽음의 두려움 속에 그저 폭격이 비껴가길 바랄 뿐이었다. 가
까스로 폭격이 그치면, 죽은 이들의 시신을 치울 엄두도 못 내고 무너진 벽돌
더미에 깔린 이들을 구해내느라 안간힘을 써야 했다. 폭격에서 살아남았다
하더라도 평생을 불구로 살아가야 하는 부상자들도 적지 않다. 시리아군이
오도 가도 못하게 사방으로 길을 막고 봉쇄 작전을 펴는 바람에 피란을 가
기도 어렵다. 그렇기에 시민들의 걱정은 태산 같다. "간신히 살아남았지만 마
실 물도, 먹을거리도 다 떨어져 굶어 죽어야 할 판이다."라고 탄식할 뿐이다.

이미 2016년 알레포가 시리아 정부군의 엄청난 포격으로 파괴됐다. 알레
포는 시리아에서 가장 인구가 많은 북부의 상업 중심도시다. 시리아 전쟁이
벌어진, 지난 몇 년 동안 알레포는 가장 치열한 전투가 벌어졌던 곳이다. 민
간인 사망자만 2만 명에 이른다. 중세 십자군 전쟁 때 지어졌던 아름답고 견
고한 알레포 성채는 유네스코 세계문화유산으로 등재된 인류의 보물이다.
그런 성채도 정부군의 포격으로 망가졌다. 전기나 수도 등 사회 기반 시설도
대부분이 파괴되는 바람에 알레포는 그야말로 폐허 상태나 마찬가지다.

시리아 정부군은 2016년 알레포를 점령한 데 이어 2018년 초엔 수도 다마

스쿠스 동쪽 가까이에 자리한 반군들의 점령 지역인 동구타 지역에 대한 대대적인 군사적 공세를 벌였다. 시리아 정부군과 러시아군의 잇단 공습을 받고 있는 동구타는 2016년 알레포가 겪었던 상황과 거의 같다. 유엔의 시리아 특사 스테판 데 미스투라는 "동구타가 제2의 알레포가 될 우려가 있다. 우리가 알레포로부터 교훈을 얻었기를 바란다."며 즉각적인 휴전과 공격 중단을 촉구했다. 하지만 시리아 정부군의 공세는 그 뒤에도 계속 이어져 많은 희생자를 낳았다.

시리아군의 공격은 거의 전쟁범죄 수준이라 말해도 틀림이 없다. 반군의 근거지를 공격한다는 명분 아래 공격 목표를 가리지 않고 마구 포격을 해댔다. 이 때문에 주거 밀집 지역은 물론 학교, 재래시장, 병원 시설도 공습을 피하지 못했다. 특히 많은 부상자들이 입원해 있는 병원들을 공격하는 것이 문제가 됐다. 동구타의 병원마다 수용 능력을 넘어선 환자들이 죽음과의 사투를 벌이고 있다. 그런 사정을 알고도 포격을 해대는 것은 다름 아닌 전쟁범죄이다. 병원에서 치료를 받던 환자가 정부군의 포격으로 죽는 일들이 벌어졌다. 병원의 한 의사는 영국 BBC 방송에 실린 한 인터뷰에서 이렇게 한탄했다.

"우리는 지금 21세기의 대학살을 목격하고 있다. 온갖 무기로 민간인을 살해하는 것이야말로 테러가 아닌가. 이건 전쟁이 아니라 살육일 뿐이다."

"폭격으로 안 죽는다면 굶어 죽어"

전쟁범죄나 다름없는 시리아 정부군의 무자비한 공격을 받은 동구타 주민들의 고통은 2018년에 처음 시작된 것이 아니다. 시리아 전쟁이 터진 지 3

년째인 2013년 알아사드 독재 정권은 반군이 점령 중인 동구타 지역을 뻥 둘러싸고 봉쇄 작전을 펴왔다. 그곳 주민들은 그때부터 몇 년 동안 식량과 난방 연료, 의약품 등 사람이 살아가는 데 필수적인 물품들이 동이 나는 바람에 엄청난 고통을 겪어왔다.

동구타의 아이들은 늘 배가 고프다고 칭얼댄다. 부모들을 아이들의 배고픔을 달래주려 해도 뾰족한 수가 없다. 두 아이를 둔 어머니는 아랍계 방송인 〈알자지라〉와 가진 인터뷰에서 눈물을 흘리며 이렇게 하소연했다.

"시리아 정부군의 포위 때문에 우린 옴짝달싹할 수도 없는 형편이다. 식량이든 땔감이든 아무것도 구할 수가 없다. 폭격으로 죽지 않는다면 배고픔으로 죽게 될 판이다."

이 어머니의 눈물과 절망감은 전쟁이란 상황이 우리 인간을 얼마만큼 한계상황으로, 벼랑 끝으로 내모는지를 잘 보여준다. 동구타의 상황은 지난 몇 년 동안 이어져온 전쟁 중에 시리아 곳곳에서 정부군과 반군 사이의 유혈충돌이 벌어질 때마다 비슷비슷하게 벌어졌다.

시리아에서 전쟁으로 지난 몇 년 동안 인도주의적 위기가 높아지자, 국제사회에선 시리아 정부에 대한 비난을 쏟아내 왔다. 유엔아동기금(유니세프)은 "어떤 말로도 숨진 아이와 그 부모, 그들을 사랑한 사람들에게 정의를 실현해 줄 수 없다."면서 성명서에 아무런 글자도 적지 않은 이른바 '백지 성명'을 냈다. 양심수와 인권의 문제를 다루는 조직인 국제앰네스티도 "시리아 정부가 엄청난 규모의 노골적인 전쟁범죄를 벌이고 있다."고 비난했다. 유엔에서 인도적 구호 임무를 맡은 국제부서인 유엔인도주의업무조정국(UNOCHA)도 "알고도 병원을 공격하는 건 전쟁범죄가 될 수 있다."고 경고했다.

이처럼 국제사회가 시리아 정부군의 만행을 비난해도 시리아 정부는 움찔하지도 않는다. 국제사회는 민간인들의 고통을 덜어줄 뾰족한 묘책이 없어 답답할 뿐이다. 오히려 시리아 정부군은 살상효과를 높이려고 '통폭탄'마저 때때로 사용하는 깃으로 알려진다.

이 책 맨 앞 '들어가며'에 썼지만, 고대 그리스의 역사가 투키디데스는 아테네 시민들이 전쟁에 휩싸이는 모습을 지켜보며 우리 인간의 폭력성에 깊은 절망감을 느꼈다. 2천 4백 년 전 그리스보다 더한 잔혹 행위들이 21세기 시리아에서 벌어져 왔다. 화학무기를 민간인 주거지역에 떨어뜨려 총을 들지 않은 민간인들을 처참하게 죽이고, 성폭력으로 여성들의 피눈물을 자아내고, 무차별 포격과 공습으로 아이들을 죽고 다치게 했다. 이런 전쟁범죄들을 보면서 전 세계 사람들은 왜 그런 일을 막지 못하는가 하며 안타까워한다.

"환자에게 화학약품 냄새가 엄청 났다"

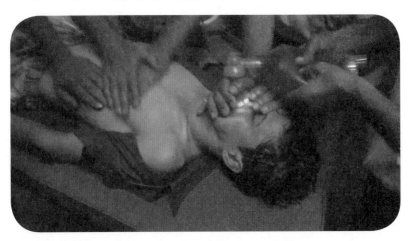

▌ 시리아 정부군의 화학무기 공격으로 의식을 잃고 쓰러진 소년. ⓒ'시리아의 비가' 다큐

국제법학자들은 전쟁범죄를 가리켜 일반적으로 '전쟁과 관련된 국제법의 규정들을 어긴 범죄'라고 설명한다. 전쟁과 관련된 국제법 가운데 대표적인 것이 1949년에 빛을 본 제네바협약이다. 이에 따르면, 전쟁 포로와 시민(비전투원)을 학대하고 사살하거나 민간인들의 재산을 마구잡이로 파괴하는 것은 전쟁범죄다. 대량 학살도 당연히 전쟁범죄에 속한다.

특히 논란이 되는 것이 화학무기 사용이다. 2011년 시작된 시리아 전쟁에서 대부분의 민간인 사상자는 시리아 정부군의 공격으로 생겨났다. 희생자 가운데 적지 않은 사람들은 화학무기로 죽었다. 시리아 정부는 사린가스, 염소가스, 겨자가스, VX가스, 타분가스 등 여러 가지의 화학무기를 보유해 왔다. 시리아는 전쟁이 터지기 전에 중동 국가들 가운데 가장 많은 화학무기를 갖고 있는 나라로 꼽혀왔다. 전 세계적으로도 미국, 중국, 러시아에 이어 네 번째로 많은 화학무기 보유국이었다.

시리아 전쟁을 다룬 다큐 '시리아의 비가(2017년)'에 나오는 화면은 화학무기가 우리 인간에게 얼마나 무서운지를 잘 보여준다. 2013년 8월 21일 수도 다마스쿠스에 가까운 도시인 동구타에는 그곳 주민들이 예전에 겪어보지 못했던 이상스러운 폭탄이 떨어졌다. 독가스인 사린가스로 만들어진 화학무기였다. 폭탄은 새벽 4시쯤 떨어졌다. 이른 아침부터 동구타 지역의 모든 병원에 환자들이 밀려들어 왔다. 그곳 의사인 칼릴 알라스나는 '시리아의 비가' 다큐에서 이렇게 증언한다.

"구조 대원들이 어떤 여자 환자를 데려왔어요. 병원 안으로 들어오자 말자 화학약품 냄새가 엄청 났어요. 그 사건을 설명할 길은 한 가지뿐이죠. 그건 분명 사린가스였습니다. 수천 명의 사람들이 같은 증상을 보였어요. 의식

▎ 시리아 정부군의 공습으로 알레포는 화염에 휩싸였다. ⓒ'시리아의 비가' 다큐

을 잃고, 눈동자가 수축이 되고, 땀을 많이 흘리는 증상이었지요. 경련을 일
으킨 사람도 있었고, 그러다 죽는 사람들이 많이 생겨났어요."

그는 호흡 곤란을 일으키며 숨을 할딱이는 아기 환자에게 산소 호흡기
를 대주거나, 입에 거품을 물고 침을 질질 흘리는 환자들을 돌보았다. 그리
다가 한 아기 엄마의 죽음을 가까이에 지켜보게 됐다.

"제가 절대 잊지 못할 한 장면이 있어요. 옆에 누워 있는 딸이 살았는지를
보려고 죽어가면서도 딸을 쳐다보며 있었죠. 그 엄마의 간절한 눈빛을 나는
죽을 때까지 잊을 수 없을 거예요."

화학무기는 국제법상 사용해서는 안 되는 치명적인 무기다. 사람의 피부
와 호흡기, 신경을 마비시켜 결국은 목숨을 앗아가는 치명적인 무기다. 2013
년 8월 동구타에 떨어진 화학무기로 9백에서 1천 명가량의 민간인들이 죽음
을 맞이했다. 간신히 목숨을 건진 부상자는 무려 8천 명에 이르렀다. 화학무

기 피해자의 67%가 여성과 아이들이다. 동구타에선 2018년 봄에도 염소가스 성분이 든 화학무기가 사용돼 비난을 받았다.

집중탐구 **시리아 정부의 화학무기 사용 일지**

2013년 3월	시리아 북부 대도시 알레포 인근 칸알아살 지역에서 26명 사망(시리아 정부군 사망자 10명 포함). 수도 다마스쿠스 동북부 아드라 지역에서도 화학무기 사용 의혹.
2013년 4월	시리아 북부 대도시 알레포 인근 세이크 마크수드, 사라케브 지역에서 화학무기 사용 의혹.
2013년 8월	시리아 수도 다마스쿠스 교외 동구타 지역에서 사린가스 성분의 화학무기로 1,429명 사망(아이 사망자 426명 포함).
2014년~2015년	시리아 동북부 이들리브 지역에서 3차례 염소가스 살포로 사망자 다수 생겨남.
2017년 4월	시리아 동북부 이들리브 지역에서 아이를 포함해 최소 100명 사망, 400여명 부상.
2018년 2~3월	수도 다마스쿠스 인근 반군 장악 지역인 동구타에서 염소가스 성분의 화학무기로 공격함.

레드 라인을 넘어섰다

시리아에서 전쟁이 치열하게 벌어지던 2012년 무렵 국제사회는 알아사드 독재 정권이 화학무기를 쓸 가능성에 대해 걱정해왔다. 반군의 공세에 밀려 궁지에 몰리게 되면 화학무기를 쓸지 모른다는 우려였다. 안타깝게도 그런

우려는 2013년 봄부터 현실로 나타났다. 그에 앞서 2012년 말 미국 버락 오바마 대통령은 "시리아 정부가 화학무기로 공격을 해선 안 되며, 만에 하나 화학무기를 사용할 경우 미국이 직접 시리아에 군사적으로 개입하겠다."고 경고했다. 화학무기 사용은 미국을 비롯한 국제사회가 그어놓은 일종의 '금지선(red line)'인 셈이었다.

미국의 경고를 무시하고 시리아 정부군은 시리아 전쟁 3년을 맞이하면서부터 화학무기를 쓰기 시작했다. 2013년 3월 시리아 북부 도시 알레포 인근 칸알아살 지역에서 화학무기를 사용함으로써 '금지선'을 넘어섰고, 아이들을 포함한 26명의 시리아 사람들이 생목숨을 잃었다. 국제사회의 비난이 들끓었다. 그런 비난을 견디다 못해 시리아 정부는 전쟁 3년째 되던 해인 2014년 화학무기를 모두 폐기하겠다고 선언했지만, 그것은 말뿐이었다. 그 뒤로도 화학무기의 희생자가 생겨났다.

시리아 전쟁 후반부에 생겨난 화학무기 희생자들은 염소가스 성분이 든 화학무기로 공격 받았다. 시리아 정부가 화학무기를 폐기하겠다고 서명한 화학무기금지협약에는 염소가스에 대한 항목이 빠져 있었다. 독재자 알아사드는 화학무기 보유 기록을 넘기면서 염소가스를 몰래 따로 남겨둔 것으로 알려진다. 2017년 4월 4일 시리아 북부 이들리브주 칸셰이쿤에서 시리아 정부군이 화학무기로 추정되는 무기로 공습을 벌여, 아이들을 포함해 적어도 70명이 숨지는 사건이 터졌다. 현지 주민들의 증언에 따르면, 새벽에 시리아 공군기인 수호이-22 전투기가 떨어뜨린 폭탄이 터지면서 노란 버섯구름이 치솟았다. 2018년 들어 동구타 지역의 참상을 키운 화학무기도 염소가스였다.

국제사회의 소극 대응도 피해 키워

알아사드는 민주화를 요구하며 총을 들고 싸우는 시리아의 시민들을 '세균'에 빗대어 말한 적이 있다. "세균이 더 많이 늘어날수록 박멸이 어려울

집중탐구 **독재자 알아사드가 화학무기를 즐겨 쓰는 이유는?**

전쟁이 여러 해를 끌면서 독재자 알아사드는 마음이 불안해진 탓이 화학무기를 쓰는 가장 큰 이유로 꼽힌다. 반군들의 저항 의지를 누르고 전쟁을 빨리 끝내겠다는 조급한 마음이 화학무기 사용으로 이어졌다고 보인다.

지난 2015년 9월부터 러시아가 시리아 전쟁에 본격 개입한 것은 독재자 알아사드에게 엄청난 힘이 됐다. 러시아 공군은 반군 지역을 잇달아 공습하면서부터 시리아 정부군은 수세국면에서 벗어났다. 2016년 시리아 북부 대도시인 알레포를 탈환하는 등 주요 전투에서의 승리를 거듭했다. 그럼에도 정부군은 거듭된 전투에 지쳤고 전쟁은 끝날 기미를 보이지 않는다는 점이 알아사드 정권에 큰 부담이었다.

중동 전문가들의 분석도 참고할 만하다. 미국 오클라호마대학의 중동연구소 조슈아 랜디스 소장은 "화학무기는 다른 군사 수단이 고갈된 지도자에게 매력적일 수 있다. 알아사드와 그의 부하들은 이기길 원했다. 시리아 군대는 고갈되고, 탈진한 상태다."고 분석했다.

영국 왕립합동군사연구소(RUSI) 샤샨크 조시 수석연구원도 마찬가지 분석을 내놓았다. "정부군이 반군과의 전투에서 우위에 있다 하더라도 시리아 모든 지역에서 군사적 우위를 차지하고 있는 것은 아니다. 정부군은 여러 곳에서 힘들게 허덕이며 나쁜 상황에 있다. 결국 이것이 화학무기 테러를 낳았다."

수 있다. 하지만 이 세균들은 우리 몸의 면역력을 높여준다. 우리 스스로 내부 문제를 해결하고 애국적인 면역력을 낮추는 외부 간섭을 피해야 한다."
자신이 다스리는 나라의 국민을 세균이라 부르는 지도자가 또 있을까? 세균을 박멸하겠다고 화학무기를 쓰면서 죄의식을 느끼지 못했을까?

시리아 독재자 알아사드는 미국을 비롯한 국제사회가 '금지선'을 그어가면서까지 거듭 경고했던 화학무기를 왜 사용하였을까? 화학무기 사용이 전쟁범죄에 해당한다는 것을 알아사드가 모를 리 없을 것이다. 시리아 주재 영국 대사를 지낸 피터 포드는 영국 일간지 〈가디언〉과의 인터뷰에서 "알아사드는 미치지 않았다."며 일단 쓰고 보자는 식으로 앞뒤 재지 않는 막무가내로 화학무기 사용 명령을 내리진 않았을 것으로 보았다. 화학무기를 써서라도 반군을 실질적으로 제압해야 내전을 끝내는 협상에서도 유리한 고지에 설 것으로 판단했을 것이다.

전쟁이 여러 해를 끌면서 인간의 죽음을 전쟁 초기보다 상대적으로 가볍게 여기게 된 분위기도 화학무기 사용의 배경으로 보인다. 정확한 전쟁 사망자 숫자는 아무도 알 수 없는 노릇이지만, 대체로 2018년 현재 50만 명쯤으로 추정된다. 이 가운데는 민간인들의 희생도 엄청나다. 시리아 독재자 알아사드의 셈법으로 보면, 화학무기로 죽는 사람들의 숫자는 전체 전쟁 사망자에 비하면 그다지 많지 않다. 하지만 반군 세력들에게는 엄청난 심리적 부담을 안겨줄 수 있다. 오랜 전쟁으로 이미 시리아 사람들의 죽음에 대해 무감각해진 독재자 알아사드는 화학무기를 한마디로 저항 의지를 꺾는 효과적인 무기로 여기는 모습이다.

보다 결정적으로는, 알아사드가 화학무기로 민간인들의 희생을 키워도 미국을 비롯한 국제사회가 제대로 대응 못 하는 것이 문제다. 세계가 말로만 알아사드를 비난하는 것이 그로 하여금 화학무기 카드를 자꾸 만지작거리게 했다고 볼 수 있다. 화학무기금지기구(OPCW)가 시리아 정부의 화학무기 사용 문제를 조사하기로 했지만, 현장 접근이 현실적으로 어렵다. 국제사회는 시리아 정부를 비난만 할 뿐 제대로 된 조치나 제재를 하지 못하는 모습이다.

시리아 전쟁 개입을 꺼렸던 국제사회의 소극적 태도는 알아사드의 화학무기 사용 결정에 결과적으로 영향을 미친 것으로 풀이된다. 미국은 전임 대통령인 오바마 행정부 때부터 '금지선'을 긋고 여러 차례 화학무기 사용에 대해 엄중한 경고 신호를 시리아 정부에 보냈지만, 군사적 대응을 고려만 했을 뿐 실제로 응징에 나서진 않았다.

❚ 시리아 정부군의 공습은 전쟁범죄로 비난 받아 마땅하다. ⓒ'시리아의 비가' 다큐

국제사회에 정의가 살아있다면……

2017년 집권한 트럼프 대통령도 전임자인 오바마와 크게 다를 바 없다. 2017년 4월 알아사드가 화학무기를 또 쓰자, 60~70발의 토마호크 크루즈 미사일을 시리아 공군 비행장에 쏘았을 뿐이다. 2018년 4월에도 시리아군 화학무기 보관소를 겨냥해 미사일을 쐈다. 그걸로 끝이었다. 그동안 미국은 시리아의 극단적 이슬람원리주의 무장 조직인 이슬람국가(IS)를 상대로 한 공습을 벌여왔지만, IS의 주적이기도 한 시리아 정부군을 겨냥한 공격은 없었다.

미국이 미사일 발사에 그치지 않고 보다 적극적인 군사행동에 나서지 않는 한 시리아 정권의 화학무기 사용 유혹을 끊기는 어려워 보인다. 독재자 알아사드도 미국이 시리아 정부를 뒤엎기 위해 미 지상군을 파견하는 등 무력으로 적극 개입할 뜻이 없음을 잘 알고 있다. 아프가니스탄과 이라크에서 미군을 철수하고 싶어도 하지 못하는 상황에서 시리아까지 전선을 늘린다는 것은 미국에게 엄청난 부담이 될 것이다.

트럼프 미국 대통령은 시리아에 대한 미사일 공격 뒤 "알아사드 시리아 대통령의 정권 유지를 포함한 시리아 상황은 우리가 받아들여 할 정치적 현실"이라고 말했다. 이 발언에서 미국의 목표가 독재자 알아사드 축출보다는 전쟁을 어쨌거나 빨리 끝내는 데 무게중심이 있음이 드러났다.

국제사회에 정의가 살아있다면 시리아 전쟁을 마무리하면서 전쟁범죄를 덮어주긴 어렵다. 알아사드와 그의 일족이 퇴진을 거부하는 것은 전쟁범죄와도 무관하지 않을 것이다. 알아사드 체제가 저지른 전쟁범죄 목록은 길다. 전쟁범죄는 **공소시효**나 국적에 관계없이 처벌받아야 한다는 '보편적 사법권'

▌ 파괴된 집을 바라보며 넋을 잃은 시리아 주민. ©유니세프 한국위원회 제공

논리가 국제법계에서 힘을 얻는 마당에, 알아사드를 전쟁범죄자로 붙잡아 헤이그 국제형사재판소(ICC) 법정에 세워야 마땅하다. 하지만 지금으로선 좀 더 시일이 지나야 될 일처럼 보인다.

▌ 시리아 정부군의 공습은 전투원과 민간인, 어른과 아이를 구별하지 않는다.
ⓒ유니세프 한국위원회 제공

▌ 시리아 아이들을 돕기 위해 유니세프 차량이 전쟁 피해 현장을 돌아보고 있다.
유니세프 한국위원회 제공

10
CHAPTER

전쟁이 빨리 끝나지 않은 까닭은?

시리아

전쟁이 오랫동안 이어진 까닭은 여러 가지로 풀이 된다. 무엇보다 먼저 시리아 정부군과 반군 사이의 군사적 힘이 비슷했다는 점이다. 일반적으로 전쟁은 군사력의 강약으로 결판이 난다. 그런데 시리아에선 여러 해에 걸쳐 정부군-반군 사이의 힘이 팽팽히 맞서왔다. 탱크나 전투기 등 고급 군사 장비 면에선 알아사드 독재 정권의 물리적 바탕인 정부군이 압도적이지만, 국제 여론을 등에 업고 피를 흘려서라도 민주화를 이루겠다는 전투 의지의 측면에선 반군이 우세했다. 반정부 세력은 알아사드 정권을 붕괴시킬만한 역량이 모자라고, 알아사드 정권은 "더 이상 잃을 게 없다."며 격렬하게 맞서는 반정부 세력을 평정할 만한 힘이 모자랐다.

2011년부터 2015년까지 약 4년 동안은 그런대로 힘의 균형 상태에 있었다. 반군은 여러 갈래로 나뉘어져 힘을 하나로 모아 다마스쿠스로 진격하지 못했다. 시리아 정부군은 민중의 강력한 저항으로 사기가 떨어져 반군을 압도할 수가 없었다. 정부군 가운데에서도 알아사드 독재에 환멸을 느낀 병사와 장교들이 탈영해 반군에 가담하는 일들도 잦았다. 알아사드 정권이 국제 사회의 비난을 무릅쓰고 화학무기를 사용해온 데엔 체제 붕괴의 위기감도

▌ 화산 분화구 위에서 위기를 맞이한 독재자 알아사드를 그린 삽화. ©Carlos Latuf

작용한 것으로 풀이된다.

　시리아 전쟁 초기에 서구의 여러 중동 전문가들과 언론 매체들은 알아사드 정권이 곧 무너질 것이라 내다보았다. 그 예측은 틀린 것으로 드러났다. 알아사드 정권은 2011년 '아랍의 봄'으로 무너졌던 리비아 카다피 정권이나 이집트 무바라크 정권과는 달리 체제 유지의 능력을 보여주었다. 주요 군 지휘관들은 알아사드가 속한 알라위파 출신들로 충성도가 높은 편이다. 알아사드는 집권 바트당과 함께 몇몇 기업인들에게 특혜를 주어왔다. 그로 말미암아 사회 양극화가 생겨났지만, 그 수혜자인 대기업가들과 고위 종교 지도자들로 구성된 기득권층은 알아사드 체제에 충성을 바쳐왔다.

독재 체제 내부의 결속도 결속이려니와 러시아와 이란, 레바논 헤즈볼라 등 외세의 지원은 침몰해가던 알아사드 독재 정권을 위기에서 벗어나는 데 큰 도움이 됐다. 특히 러시아군의 무지막지한 공습은 반군 지역에 멀쩡한 건물이 남아나지 않을 정도로 피해를 입혔고, 반군의 사기를 떨어뜨리는 데 큰 영향을 미쳤다. 이런 외세의 지원을 바탕으로 알아사드는 2016년 12월 시리아 제2도시이자, 북부 지역의 산업·금융 중심지인 알레포를 반군으로부터 되찾았다.

▌ 시리아 알아사드 대통령과 레바논 헤즈볼라 나스랄라 사무총장의 연대감을 나타내는포스터. ⓒ김재명

러시아뿐 아니라 미국도 알아사드 독재 체제에 도움을 주었다. 한때는 수도 다마스쿠스를 위협했던 세력이 이슬람국가(IS) 무장 대원들이었다. 하지만 미국의 공습과 군사개입으로 2017년 10월 본거지 락까에서 쫓겨나 뿔뿔이 흩어졌다. 결과적으로 미국도 러시아와 마찬가지로 알아사드 독재 체제에 기여한 셈이 됐다.

알레포와 락까가 함락된 뒤로 정부군은 **수세** 국면에서 벗어나 공세로 나서는 모습이다. 2018년 봄 다마스쿠스 동쪽 도시인 동구타를 마구잡이로 폭격해, 마침내 이 도시에서 반군을 몰아낸 것도 같은 맥락이다. 그 무렵부터 알아사드는 여러 공식 석상에서 "곧 시리아의 안정과 평화를 이룰 것이다."라며 큰소리 쳐왔다. 하지만 시리아 국민들의 마음은 알아사드로부터 이미 멀어질 대로 멀어졌다. 그렇기에 이 전쟁이 독재자 알아사드의 승리로 끝난다 해도 시리아에 평화가 자리 잡기는 어려워 보인다.

미국이 개입 미룬 속사정

시리아 전쟁이 오래 끌게 된 데엔 (아울러 독재자 알아사드의 군대가 처음의 수세 국면에서 벗어나 공세로 나서며 군사적 우위를 차지하게 된 데엔) 강대국들의 이해타산적인 정책 탓도 크다. 여기서 강대국이란 미국과 러시아를 가리킨다.

시리아 전쟁을 바라보는 국제사회의 중심엔 미국이 있다. 워싱턴 정치권에서도 시리아 전쟁에 미국이 적극 군사개입을 할 것인가, 외교적 협상으로 풀어 나갈 것인가를 두고 논란을 거듭해 왔다. 시리아 유혈 사태가 세계적인 뉴스의 초점이 되기 시작한 2011년 초여름부터 버락 오바마 미 대통령은 "미국의 직접적 개입은 없다."는 점을 거듭 밝혀 왔다. 미국은 최대 동맹국인 이스라엘의 안보를 위협하지 않는 한 다마스쿠스의 시리아 전쟁에 적극 개입할 의지가 없다. 오히려 시리아 알아사드 독재 정권의 최대 위협세력인 이슬람국가(IS)에 대한 군사적 공세를 강화함으로써 독재 정권을 이롭게 했다.

미국의 중동 정책을 움직이는 두 개의 축은 이스라엘의 안보 그리고 중동 석유의 안정적인 공급이다. 미국은 지난 수십 년 동안 공화당 민주당 정권을 가릴 것 없이 동맹국인 이스라엘의 안보를 챙기고, 아울러 친미 석유 산유국인 사우디아라비아의 안보를 챙겨 주면서, 중동 지역의 석유가 미국에 안정적으로 공급되는 것을 국가 전략의 우선순위로 삼아 왔다. 따라서 미국의 시리아에 대한 관심은, 시리아 전쟁이 이스라엘과 중동 석유 산유국들의 이해관계에 어떤 영향을 미치는가에 모아진다.

미국이 시리아에 대한 적극 군사개입을 망설인 데엔 독재자 알아사드가 권좌에서 쫓겨나면 그 뒤 시리아 상황이 매우 불안정할 것이라 내다보기 때문이다. 2011년 리비아의 카다피 정권이 무너진 뒤 혼란이 이어지듯이, 시리아 알아사드 정권이 무너진 뒤에 들어설 정권이 어떤 성향을 지닐지는 알 수 없는 일이다.

1979년 호메이니를 지도자로 한 이슬람 혁명 뒤의 이란, 또는 1990년대 중반 아프가니스탄에 들어섰던 탈레반 정권, 또는 레바논의 헤즈볼라 같은 이슬람근본주의 정치 세력이 시리아 정권을 잡는 구도는 미국으로선 '최악'이다. 국경을 맞댄 이스라엘의 안보에 악영향을 미치고, 미국의 중동 정책도 어려움을 겪을 것이 불을 보듯 뻔하다. 그렇다면 이스라엘에게 전혀 위협적이지 못한 지금의 독재자 알아사드가 미국의 시각에서는 차라리 낫다.

시리아 전쟁 상황을 줄곧 지켜보아온 나라 가운데 하나가 이스라엘이다.

지난날 시리아와 이스라엘은 거듭된 전쟁(1948년 제1차 중동전쟁, 1967년 제3차 중동전쟁, 1973년 제4차 중동전쟁 등)을 벌였다. 특히 제3차 중동전쟁으로 이스라엘이 점령한 시리아 골란고원의 반환 문제는 이스라엘-시리아 양국 관계의 현안 가운데 하나다.

시리아 알아사드 정권은 이란, 레바논 헤즈볼라와 정치적 동맹 관계를 맺고 이스라엘에 적대적 입장을 보여 왔다. 하지만 현재 알아사드 정권은 전쟁으로 말미암아 이스라엘에 전혀 위협적이지 못하다. 과격하고 공격적인 이슬람 정권이 다마스쿠스에 들어서는 것보다는 지금의 알아사드 독재 정권이 낫다는 판단을 이스라엘은 내리고 있는 모습이다.

독재자의 친구, 러시아 푸틴

알아사드에게 아주 고마운 친구가 하나 더 있다. 러시아 대통령 블라디미르 푸틴이다. 미군이 이슬람국가(IS) 무장 세력을 겨냥한 공습을 벌인 꼭 1년 뒤인 2015년 9월부터 러시아군이 이슬람국가(IS) 공습으로 시리아에 군사 개입하기 시작했다. 러시아군은 오로지 이슬람국가(IS)를 공습하는 미군과는 달리 짬짬이 반군의 근거지들을 공습해 국제사회의 비난을 받기도 했다.

시리아-러시아의 우호 관계는 **구소련** 시절으로 거슬러 올라간다. 시리아군의 무기체계는 미그 전투기와 미사일을 비롯해 구소련제로 채워져 왔다. 지금 러시아가 구소련 이외의 지역에 유일하게 해군기지를 두고 있는 곳이 지중해변의 시리아 타르쿠스 항구라는 점은 두 나라의 밀접한 관계를 잘 보여준다. 시리아는 러시아의 최신형 전투기 등을 수입하고, 러시아는 시리아의 인프라 확장 공사, 천연가스 처리 공장 등에 연간 수백억 달러를 투자함으로써 서로의 이해관계를 이어왔다.

러시아의 푸틴 대통령은 러시아 공군의 시리아 공습 한 달 뒤인 2015년 10월 20일 모스크바를 방문한 독재자 알아사드를 따뜻이 반기면서 "전쟁은 전혀 걱정하지 마세요. 우리 러시아 공군이 앞장서 도와줄 겁니다."라는 말을 건넨 것으로 알려진다. 실제로 러시아군 전폭기들은 반군 지역의 아파트 건물들은 물론이고, 병원, 학교 등 폭격 대상을 가리지 않고 폭탄을 퍼부어 아이들을 포함한 많은 인명 피해를 냈다. 2015년 후반부터 시리아 정부군이 우세를 보인 것은 러시아군 공습 덕이 크다. 뒤집어 보면, 반군이 독재자 알아사드의 본거지인 다마스쿠스로 진격해 들어갈 기회를 놓친 데엔 러시아의 군사개입 탓도 크다.

지역 패권 노린 사우디-이란의 대리전

수니파 종주국인 사우디아라비아, 시아파 종주국인 이란이 저마다 이해관계를 저울질하면서 개입한 것도 시리아 전쟁이 오래 끌게 된 한 요인이다. 중동 지역 패권을 노린 사우디와 이란의 대리전(proxy war) 양상은 전쟁의 성격을 더욱 복잡하게 만들어 왔다.

시리아 전쟁의 성격은 내전이지만 속내를 들여다보면 시리아 주변 국가들이 저마다의 이해관계로 개입하는 대리전 양상을 보인다. 시리아 전쟁은 중동의 해묵은 시아-수니 종파간의 갈등을 부추겨 왔다. 그 배경에는 수니파 종주국인 사우디아라비아와 시아파 종주국인 이란의 오랜 갈등이 깔려 있다.

사우디를 비롯한 걸프 지역의 석유왕국들은 시리아 전쟁을 이란을 상대

집중탐구 이란이 시리아 독재 정권 돕는 이유는?

이란은 왜 시리아의 독재 체제를 지지하는 것일까? 여기엔 지정학적 이유가 깔려 있다. 국가 안보라는 측면에서 보면 시리아는 이란에게 유리한 지정학적 위상을 지녔다. 9.11 테러 뒤 이란은 어려운 상황에 놓였다. 동쪽의 아프가니스탄, 서쪽의 이라크에 모두 친미 정권이 들어서면서 안보 위기감을 느꼈다.

이란은 시리아-레바논으로 이어지는 시아파 동맹인 '초승달 벨트'를 통해 국가 안보 위협을 덜어내려 한다. 핵무기 개발을 추진하는 것도 국가 안보를 튼튼히 하면서 안보 위기를 돌파하려는 수단으로 풀이된다. 결국 이란-시리아 동맹관계는 시아-수니를 가르는 종교적 신념보다 지정학적 국가이익이 더 중요하다는 현실 정치의 냉정함을 보여준다.

하지만 적지 않은 숫자의 이란 사람들은 뭔가 잘못됐다는 생각을 하고 있다. 이란 시민들은 1979년 이슬람 혁명으로 친미 독재 정권인 팔레비 왕조를 몰아냈다는 정치적 자긍심을 지녀왔다. 그렇기에 시리아 독재 정권을 지원하는 이란 정부의 대외 정책에 마냥 박수를 치기 어렵다.

로 대리전을 벌일 기회로 활용하는 모습이다. 이는 마치 지난날 동서 냉전시대의 1960년대와 1970년 전반에 걸쳐 구소련이 베트남 전쟁에서 북베트남을 지원함으로써 미국을 상대로 대리전을 폈듯이, 그리고 1980년대 미국이 아프가니스탄에서 무자헤딘(이슬람전사)을 지원함으로써 구소련을 상대로 대리전을 폈던 것과 비슷한 상황이다.

시리아 정부군의 강력한 공세에도 반군이 버틸 수 힘은 수니파 국가들의 지원 덕이다. 특히 사우디와 카타르가 앞장서서 무기와 투쟁자금을 건네주고 있다. 사우디와 카타르는 2010년 봄부터 불어 닥친 아랍의 봄을 자국의 영향력 확장에 이용하려는 모습을 보여 왔다. 아울러 시아파 종주국임을 자부하는 이란을 견제하려는 계산을 세우고 있다.

두 나라는 리비아에서 카다피 정권을 무너뜨리려고 반군이 무기를 들고 나서자 이들을 지원했고, 시리아 알아사드 정부 전복에도 뜻을 같이하고 무기와 투쟁자금을 건네주고 있다. 하지만 사우디와 카타르는 둘 다 사실상 민주주의와는 거리가 먼 국가들이다. 특히 사우디아라비아는 여성의 투표권은 물론 운전면허증도 발급하지 않는 극보수주의 독재 왕정 국가로 악명이 높다. 그래서 이런 질문이 나온다. "사우디아라비아 정권이 시리아에 민주주의 정권이 들어서는 것을 지지한다고 누가 믿을 수 있겠는가?"

알아사드 독재 정권에겐 이란과 레바논 헤즈볼라 세력의 지원이 큰 힘이 됐다. 레바논 헤즈볼라는 일부 무장 대원들이 시리아로 넘어가 알아사드 독재 정권을 위해 전투를 벌여온 것으로 알려진다. 특히 이란이 시리아 알아사드 정권에겐 든든한 지원국이다. 시아파 종교지도자 아야톨라 하메네이가 헌법상 대통령보다 높은 최고 지도자인 이란은 같은 시아파의 소수 종파인 알라위파가 권력자로 있는 시리아에 무기와 자금을 지원해왔다.

국제사회의 늑장 대응도 문제

끝으로 시리아 전쟁이 오래 끌게 된 데엔 국제사회의 무능한 대응을 빼놓을 수 없다. 유엔안전보장이사회는 미국과 러시아의 입장이 달라 시리아 평화를 위한 이렇다 할 해법을 제시하지 못했다. 기껏해야 일시적 휴전을 이뤄내고 그 틈에 긴급 구호 활동을 펴는 것이 고작이다. 화학무기로 시리아 시민들을 희생시키는 전쟁범죄에 대해 UN 안보리는 단호한 조치를 취하지 못했다. 전쟁에 관한 국제법 문서들은 시리아에서 휴지처럼 구겨졌다.

2011년 아랍의 봄을 타고 벌어진 시리아 전쟁은 처음엔 민주(반군)-반민주(시리아 정부군)의 대치 전선으로 시작됐다. 하지만 시간이 흐르면서 민주화보다는 다른 요인들이 우선하는 분쟁으로 변질된 모습이다. 여기에는 주변국들의 책임이 크다. 미국, 사우디아라비아, 이란 등 주변 국가들은 시리아 전쟁에 자국의 이해관계를 잣대로 개입하면서 전쟁의 성격을 변질시켰다.

미국은 러시아, 이란, 레바논(헤즈볼라)와 가까운 알아사드 독재 정권이 무너지고 다마스쿠스에 친서방 정권이 들어서길 바라고 있다. 수니파 종주국임을 자부하는 사우디아라비아와 카타르 등은 종파적 이유에서 시리아의 소수 종파인 시아파(알라위파)에 속하는 알아사드 정권을 무너뜨리고 수니파 정권을 세우려 한다.

미국은 이스라엘의 안보 관점에서 시리아 전쟁을 바라본다. 다마스쿠스의 정권이 이스라엘에 위협적인가, 아닌가를 저울질 하며 시리아를 바라보기에 적극 개입을 피해 왔었다. 하지만 2014년 하반기 들어 이슬람국가(IS) 세력의 급성장이 알아사드 독재 정권을 붕괴시킬 경우 이스라엘 안보에 도움이 되지 않으리란 상황이 분명해지자, 무력 개입에 나섰다. 하지만 알아사드를 무너뜨릴 직접 군사개입은 피해왔다.

한편으로 사우디아라비아와 이란은 시리아 전쟁을 민주-반민주 투쟁보다는 시아-수니 사이의 종파 분쟁으로 변질시켰다. 그 결과 시리아는 물론 이라크마저 이제 그 끝이 어딘지 알기 어려운 종파 간의 내전이라는 긴 터널 속으로 다시 들어간 모습이다.

특히 이슬람국가(IS)를 겨냥한 미국의 군사개입, 알아사드 독재 정권을 돕는 러시아의 군사개입, 이 두 강대국의 선택적 개입은 가뜩이나 휘발성 강한 중동의 유혈 투쟁에 기름을 부은 격이다. 21세기의 초강대국인 미국과 러시아가 각기 시리아 전쟁에 관심을 갖고 개입하는 이유는 뻔하다. 석유 자원이 많이 묻혀 있는 중동 지역에서의 영향력을 잃지 않기 위해서다.

중동의 유별 분쟁 당사자들인 각종 무장 정파들 그리고 이스라엘을 비롯한 주변 국가들은 미국과 러시아의 무력 개입이 자신에게 어떤 방향으로 작용할 것인가에 촉각을 세우고 있다. 한마디로 시리아 민주화보다는 각국의 이해관계가 우선이다. 주변국의 타산적 개입에 희생되는 것은 시리아 민중들이다. 그들의 바람대로 시리아 민주화가 이뤄질 날은 멀어만 보인다.

▌ 2015년 9월 러시아 공군의 시리아 첫 공습 뒤 모스크바로 간 알아사드가 푸틴 러시아 대통령을 만나고 있다. ©Kremlin.ru

11

CHAPTER

시리아 해법 –

정치적 해법으로 전쟁 끝내야

2대에 걸친 독재 체제, 즉 하페즈 알아사드(1970~2000)→바샤르 알아사드(2000~현재)에 걸쳐 몇십 년 동안 시리아에서 철권을 휘둘러온 알아사드 일족의 권력 의지는 완강하다. 반군은 여러 갈래로 나뉘어 통합적인 지도력이 없고 지친 상태다. 전쟁 초기에는 반군들이 기세를 올렸지만, 시일이 흐를수록 정부군이 지배 영토를 늘려가는 상황이다. 이 전쟁이 시리아 독재정권의 군사적 승리로 막을 내리면, 민주화는 물 건너가고 그동안의 숱한 죽음은 헛된 희생으로 기록될 뿐이다.

너무나 많은 사상자와 난민을 낳았기에 '21세기 최악의 인도적 재난'이라 일컬어지는 시리아 전쟁의 문제는 단순한 내전이 아니라는 점이다. 시리아 전쟁에는 저마다 이해관계를 지닌 여러 외부 세력들이 복잡하게 얽혀 있다. 시리아의 참극이 몇 해째 이어져 온 데엔 중동 지역의 패권을 노린 외부 세력들이 개입한 데도 원인이 있다. 비판의 화살은 국제연합(UN)을 비롯한 국제 사회와 시리아에 개입한 강대국과 주변국들로 향한다.

"국제사회의 부끄러운 실패"

▌ 논의하는 유엔 안전보장이사회. 논의만 무성할 뿐 전쟁을 끝내도록 하지 못했다.
©UN Photo(Mark Garten)

필리포 그란디 유엔난민기구(UNHCR) 고등판무관은 2016년 유엔사무총장으로 자리를 옮긴 안토니오 구테헤스의 후임자다. 그는 유엔난민기구에서 2018년 3월 9일에 낸 문건 〈시리아 분쟁 7년〉 앞머리에서 시리아 시민들이 그동안 겪은 고난을 가리켜 국제사회의 '부끄러운 실패(shameful failure)' 탓이라고 못 박았다. 시리아 전쟁을 끝내려는 국제사회의 정치적 의지(political will)가 굳건하지 못하고 머뭇거리다가 엄청난 비극을 키웠다는 지적이다.

그란디 고등판무관이 지적했듯이, 군사적 수단으로 시리아 전쟁을 끝내려면 패자와 희생자만 있을 뿐 승자는 없다. 어느 쪽에선가 "우리가 이겼다."고 선언하더라도 상처투성이일 뿐이다. 누가 이기든 희생자는 분명하다. 분쟁에 휘말려 생목숨을 잃은 시민들, 그리고 죽은 이를 기억하며 슬픔에 잠긴 채로 생존의 벼랑 끝에서 전쟁의 고통을 온몸으로 견뎌내야 했던 시민들이다.

그동안 국제사회에서는 시리아 전쟁을 어떻게든 끝장내고 평화와 안정을 되찾아야 한다는 목소리가 높았다. 하지만 국제사회의 중심 국가이자 21세기의 초강대국인 미국은 우려의 목소리만 냈을 뿐 적극적인 노력을 기울이지 않아왔다는 비판을 피하기 어렵다. 알아사드 독재 정권을 무너뜨리려고 무기를 든 시리아 반군에 대한 지원도 미적지근했다.

▌ 텅 빈 유엔 안전보장이사회 회의장. 시리아 전쟁에 평화를 가져오려면 국제사회의 노력이 더욱 필요하다.
©Hu Totya

리비아와 시리아의 차이

시리아가 전쟁 상태에서 50만 명 넘는 희생자를 냈지만, 미국을 비롯한

집중탐구 미국이 시리아에 일찍 군사개입을 했더라면······.

미국은 2013년 초여름 시리아가 화학무기를 사용해 국민들을 학살했다는 증거가 드러나고 국제사회의 비난이 높았을 때도 군사개입을 삼갔다. "시리아 정부군이 화학무기를 사용할 경우에는 반드시 개입할 것"이라며 화학무기 사용은 금지선(red line)을 넘는 것이라 경고했다.

하지만 막상 시리아 정부군이 화학무기로 사람들을 죽이자, 미국은 직접 군사개입을 하질 않았다. 시리아 반군 조직인 자유시리아군(FSA)에게 무기를 지원하는 간접 개입의 형태였다. 그때껏 미국은 FSA에게 비살상용 장비만 건네주고 있었다. 무기를 지원하기로 결정한 것은 2013년 6월, 시리아에서 내전이 시작된 지 2년을 넘긴 뒤였다.

여기서 미국 정부의 중동 정세 판단에 중대한 착오가 있었음이 드러난다. 2011년 8월 시리아에서 본격적인 내전이 벌어진 뒤 미국은 친서방 온건 반군의 성향을 보이는 FSA가 늦어도 2012년 말까지는 다마스쿠스를 점령하고 알아사드 정권을 무너뜨릴 것이라 봤다. 그렇기에 서방 언론들은 독재자 알아사드의 종말이 어떤 모습일지, 또는 살아남는다 해도 어디로 망명할 것인지에 관심을 쏟기도 했다. 이런 판단 착오는 2011년 아랍의 봄을 맞아 리비아의 40년 독재자 무아마르 알 카다피가 쉽게 무너진 것과도 관련이 없지 않다.

하지만 카다피 독재 체제를 무너뜨린 것은 리비아 반군의 힘이 아니었다. 리비아 내전에 개입한 **북대서양조약기구(NATO)**의 공습이 결정타였다. 카다피 정부군이 탱크를 몰아 동부 벵가지에 거점을 둔 반군 세력을 궤멸시키려는 상황에서 나토군이 개입해 전세를 뒤엎었다. 끝내 카다피는 2011년 10월 그의 시신이 정육점 바닥에 놓여 사람들의 구경거리가 되는 비참한 죽음을 맞이했다.

21세기 최강의 군사력을 지닌 미국이 전쟁 초반부터 적극 군사개입을 했더라면, 시리아 전쟁이 빨리 끝나 희생자도 줄어들었을 것이다. 하지만 군사적

> 개입이 언제나 좋은 것은 아니며 그에 따른 여러 문제를 일으키기 마련이다. 그렇기에 어떤 국제분쟁이든 군사개입은 마지막 수단으로 남겨두고 정치적, 외교적 개입으로 푸는 것이 훨씬 바람직하다.

국제사회는 제각기 이해득실을 저울질하며 시리아 문제를 바라만 볼 뿐 전쟁을 끝내고 평화를 이루기 위한 진정성 있는 관심을 보여 주지 못해 왔다. 시리아에 대한 국제사회의 소극적 태도는 리비아의 내전에 무력 개입했던 서구 사회의 대응 방식과 대조적이라는 비판을 받는다.

리비아에서 내전 양상이 벌어지자, 국제사회는 독재자 무아마르 카다피의 폭압으로부터 리비아 시민을 '보호해야 할 책임(Responsibility to Protect, 줄여 'R2P')' 논리를 내세워 무력 개입의 길을 열었다. 국가 주권이나 '국가 안보'도 중요한 개념이지만 그에 앞서 '인간 안보'의 가치가 더 중요하며 국제사회가 '인간 안보'를 적극적으로 지켜줘야 마땅하다는 것이 R2P 논리의 핵심내용이다. 이에 따라 2011년 3월 두 개의 유엔 안보리 결의안(1970, 1973)이 통과됐고, 나토(NATO, 북대서양조약기구) 공군력이 리비아 정부군을 공습함으로써 카다피 정권을 무너뜨리는 데 결정적 힘을 보탰었다.

서구 강대국 지도자들은 리비아에 대한 무력 개입은 '인도주의적 개입'의 성격을 지녔다고 주장했다. 그런데 리비아처럼 똑같이 정부군과 반군 사이의 무장충돌이 벌어졌고, 리비아보다 훨씬 더 많은 사람들이 피를 흘린 시리아에 대해선 개입을 망설여 왔다. 유엔 안보리에서 러시아와 중국이 시리아 개입 결의안 통과를 반대할 것이란 분위기도 영향을 미친 것은 사실이다.

그렇다고 위에서 살펴본 R2P 논리를 못 들이댈 것도 없다. 1999년 발칸 반도의 마지막 분쟁 지역이었던 코소보에서 나토(NATO)가 유엔 안보리의 결의안 없이 무력 개입에 나섰던 것처럼, 또는 2011년 리비아를 공습했던 것처럼, R2P 논리에 따라 시리아에 대해 독자적인 무력 개입도 가능할 텐데도 소극적이다. 세계 8위의 석유 매장량을 지닌 리비아와는 달리 시리아 석유 이권이 워낙 보잘 것 없어서일까?

시리아에 대한 국제사회의 무력 개입이 무조건 이뤄져야 한다는 주장은 물론 분명히 잘못된 것이다. 시리아의 전쟁을 하루빨리 종식하려면 군사개입이 최우선이 아니며, 외교적인 중재 노력이 우선돼야 한다. 안타깝게도 이 대목에서도 국제사회는 후한 점수를 받지 못한다. 시리아 유혈 사태 1년을 맞이할 무렵인 2012년 2월 반기문 유엔 사무총장은 전임자인 코피 아난을

▌ 이라크로 피란을 온 시리아 난민 아이들. 이들의 꿈은 다시 집으로 돌아가는 것이다.
ⓒ유니세프한국위원회 제공

유엔 특사로 임명해 유혈 사태가 번지는 것을 막고자 했다. 아난 특사는 시리아로 가서 알아사드 대통령을 만났으나 날로 희생자가 커지는 상황에서 무력감을 느끼고 6개월 만에 스스로 물러났다.

2012년 4월 유엔 안보리 결의에 따라 시리아에 파견된 비무장 유엔 감시단 300명의 활동도 아무런 성과 없이 2개월 만에 시리아에서 철수하고 말았다. 전쟁을 끝내기 위한 국제회담들도 성공적이지 못했다. 시리아 정부와 반정부 세력들을 스위스 제네바로 불러 모아 두 차례(2012년 6월, 2014년 1월) 회담을 열었으나, 시리아 평화를 가져올 극적인 합의를 이끌어내지 못하고 막을 내렸다. 내전의 한복판에서 고통받는 시리아 국민들은 그런 소식들을 들으면서 또다시 깊은 좌절감을 느껴야 했다.

군사적 해법 아닌 정치적 해법 바람직

전쟁 초기만 해도 알아사드 독재 체제는 흔들렸다. 위기를 맞이한 듯 보였다. 하지만 체제 내부의 단결과 러시아를 비롯한 외세의 군사적 지원에 힘입어, 독재자 알아사드는 위기를 넘기고 살아남았다. 2016년 무렵 정부군-반군 사이의 힘의 균형은 깨졌고, 미국과 사우디 등 지원 세력이 여러 갈래로 나뉘어 통합력이 없는 반군은 이제는 수세 국면이다. 시리아 전쟁은 자칫 정부군의 승리로 끝날 조짐마저 보인다. 하지만 그런 상황은 시리아 사람들이 바라는 평화와는 거리가 멀다. 민주화를 요구하는 또 다른 저항이 일어나고 혼란이 이어질 뿐이다.

시리아 전쟁을 하루 빨리 끝내고 시리아에 진정한 평화를 가져오려면 어찌 해야 할까. 늦었지만 군사적 해법이 아닌 정치적 해법이 바람직하다. 유엔 안전보장이사회는 이제라도 정치적 해법으로 시리아 전쟁을 끝내도록 해야 한다. 지금의 흐름대로 시리아 정부군이 군사적 해법으로 전쟁을 끝내도록 해선 안 된다는 얘기다. 하지만 시리아에 개입한 주요국들의 입장이 서로 엇갈린다. 그런 탓에 알아사드에게 권좌에서 물러날 명분을 만들어주거나, 이제 그만 물러나라고 압박하지 못한다는 것이 국제사회의 한계로 꼽힌다.

이 책을 준비하면서 전략국제문제연구소(CSIS)를 비롯한 미국의 이른바 중동 전문가들이 포진한 여러 싱크 탱크, 또는 미 외교협회(Council on Foreign Relations)와 같은 외교 전문가 집단에서 시리아 해법에 관련된 글들을 검색해 살펴봤다. 하지만 미국의 중동 정책이 이스라엘 안보 챙겨주기에 무게중심이 있는 까닭일까, 눈에 띄는 정치적 해법을 내놓은 글을 찾아보질 못했다.

큰 틀에서 가장 바람직한 정치적 해법은 독재자 알아사드가 스스로 물러나고, 민주적 절차에 따라 다마스쿠스에 민주정부가 들어서는 쪽이다. 칠레의 독재자 아우구스토 피노체트(1973~1990년 집권)처럼 면죄부를 받고 물러나는 수순도 생각해볼 수는 있다. 러시아로 망명해 푸틴의 보호를 받는 방식도 있다. 하지만 알아사드로선 그럴 뜻이 없어 보인다. 지금껏 알아사드 체제에서 기득권을 누려온 측근들도 알아사드의 퇴진을 반대할 것이다.

군부 쿠데타나 암살 등 극적인 사건이 터진다면? 전쟁의 긴 터널 끝이 보이겠지만, 그 가능성은 말하기 어렵다. 시리아 정부와 반정부 세력 사이의 정치적 대화나 극적인 휴전 합의가 이뤄질 가능성도 낮아 보인다. 워낙 많은 피를 흘렸기에 서로에 대한 증오와 불신의 벽이 높아 대화를 막는 상황이다.

돌이켜 보면, 시리아 전쟁은 △미국을 비롯한 강대국들의 이해관계 계산에 따른 방관자적인 자세 △유엔의 평화 조성 능력의 한계 △시리아 주변 이슬람국가(IS)들의 종파적 대리전 양상이 맞물린 가운데 시리아 국민들에게 전쟁의 고통을 더할 뿐이다. 특히 전쟁의 주요무대인 홈스, 알레포 같은 대도시는 정부군이 포위를 하고 통행을 막는 바람에 식량과 의약품이 바닥이 났고 주민들은 벼랑 끝 한계상황에 내몰렸다.

▌ 눈을 맞으며 터키의 난민수용소로 피란 온 모녀의 지친 모습. ⓒ유니세프 한국위원회 제공

2018년 4월 동구타가 시리아 정부군에게 함락된 뒤로도 알아사드 독재정권의 통제권에서 벗어나 있는 지역들은 여러 곳이다. 대표적인 곳을 꼽자면, 시리아 북부 쿠르드족 주거 지역, 서북부 이들리브 지역, 남부 다라 지역 등이다. 특히 다라 지역은 이 책 맨 앞에서 살펴보았듯이, 2011년 봄 그곳 10대 소년들이 학교 담벼락에 낙서를 한 뒤 잡혀가 고문당하고 죽음으로써 시리아 민주화 투쟁을 촉발시킨 곳이다. 여러 해 동안 거듭된 정부군의 공격에 맞서 반군들이 장악한 지역에 사는 시리아 시민들은 잔혹한 전쟁의 한복판에서 이루 말하기 힘든 나날을 보내야 했다.

결론적으로 전쟁을 하루빨리 끝장내고 '아랍의 봄'을 시리아에서 되살리려면, 결국은 유엔을 비롯한 국제사회가 알아사드 독재 정권을 외교적으로 강하게 압박하면서 평화 중재에 더욱 적극적으로 나서는 길밖에 없다. 알아사드의 퇴진과 전쟁범죄 처리는 그 뒤 수순이다.

지난 1994년 후투─투치족 사이의 내전이 벌어졌던 아프리카 르완다에선 국제사회가 개입을 외면하는 바람에 100일 동안 80만 명이 희생당했었다. 르완다 참상 20년이 흐른 지금, 시리아도 르완다와 마찬가지로 국제사회의 소극적인 개입 탓에 시리아 사람들의 희생은 갈수록 커 가고 있다. 인권과 민주의 가치를 소중히 여기는 세계 시민들은 시리아로부터 들려오는 비극적인 소식을 들을 때마다 아픔 속에 무력감을 느끼곤 했다. 시리아에 몇 년째 이어지는 '아랍의 겨울'을 끝내려면 이제라도 국제사회가 발 벗고 나서야 한다.

▌ 시리아 학살 중단과 평화를 위한 촛불집회. (2018년 3월 22일, 서울 광화문) ⓒ김재명

▌ 시리아 학살 중단과 평화를 위한 촛불집회. (2018년 3월 22일, 서울 광화문) ⓒ김재명

글을 마치며

우리 인류의 역사는 곧 전쟁의 역사이다. 서로 소통하는 말과 글을 만들고 문명사회를 이룩하면서도 사람들은 전쟁으로 많은 피를 흘려왔다. '인류 역사는 피의 역사'라는 표현을 쓰는 역사학자들조차 있다. 오늘날 우리가 두 발을 딛고 사는 세계도 평화롭지 못하다. 이 책에서 다룬 시리아를 비롯해 곳곳에서 전쟁, 국제분쟁, 내전, 테러 등등 여러 이름을 지닌 폭력 사태가 벌어지는 중이다.

"아무리 좋은 전쟁도 가장 나쁜 평화보다 더 나을 수는 없다."

베트남 전쟁을 다룬 소설 《전쟁의 슬픔》을 쓴 작가 바오 닌은 '좋은 전쟁'이란 있을 수 없다고 말했다. 베트남에서는 지난 1960년대와 1970년대에 걸쳐 참혹한 전쟁을 치렀다. 민간인과 군인 합쳐 2백 70만 명에 이르는 사람들이 죽었다. 베트남 작가 바오 닌도 6년 동안 그 전쟁에서 직접 총을 들고 싸웠다. 숱한 죽음들을 가까이에서 지켜보면서 "좋은 전쟁이란 없다."고 믿게 됐다.

바오 닌의 말대로, 좋은 전쟁이 터졌다고 기뻐할 사람은 별로 없을 것이다. 나치 독일의 아돌프 히틀러처럼 전쟁을 통해 헛된 야망을 채우려는 몇몇 전쟁광을 빼고는 전쟁을 반길 사람은 없다. 전쟁 상황을 이용해서 떼돈을 벌려는 무기업자는 전쟁을 보는 생각이 다르겠지만, 거의 대부분의 사람들에게 전쟁이란 끔찍하고 무시무시한 괴물과 같은 것이다.

여기서 2018년 3월에 숨을 거둔 세계적 물리학자 스티븐 호킹 박사가 남긴 경고를 새삼 새겨듣고 싶다. 호킹 박사는 몸이 뻣뻣하게 굳어가는 루게릭병을 앓으면서도 뛰어난 물리학 연구자로 이름을 떨친 인물이다. 그는 단순히 책상 앞에서 물리학 이론만 따지는 과학자에 머물지 않았다. 지금 이대로 간다면, 우리 인류 문명의 내일이 전혀 밝지 못하다고 경고했던 문명비평가였다.

호킹 박사는 환경오염과 기후변화, 전염병, 외계인의 지구 침공 그리고 전쟁 등 여러 요인으로 말미암아 언젠가는 우리가 두 발을 딛고 사는 지구에서 살기 어렵게 될 수 있다고 경고했다. 핵전쟁이나 생화학무기 전쟁으로 우리 인류가 멸망할지도 모르며, 따라서 지구 밖의 다른 행성을 찾아 떠날 준비를 해야 한다고도 말했다.

전쟁으로 모든 것이 파괴된 지금 시리아의 상황을 떠올리면, 호킹 박사가 걱정했던 대로 우리 인류의 미래가 결국 전쟁으로 파괴될 수도 있다는 생각을 품게 된다. 죽음의 공포에서 벗어나려고 시리아 국경을 넘어서는 수백만 시리아 난민들의 모습은 더 이상 지구에서 살기 어려워 다른 행성을 찾아 떠나야 하는 우리 인류의 미래의 모습일지도 모른다.

지금 이 글을 쓰는 시간에도 FM 라디오에서는 DJ가 음악을 들려주다 말고 시리아에서 폭격으로 많은 아이들이 죽었다는 뉴스를 전해준다. 전쟁으로 죽은 그 아이들이 죽음에서 깨어나 부활한다면, 전쟁을 일으킨 어른들에게 어떤 말을 할까.

▮ 시리아 난민촌 아이들. ©유니세프한국위원회 제공

▮ 시리아 난민촌 아이들. ©유니세프한국위원회 제공

용어 설명

공세 공격하는 태세. 또는 그런 세력.

공소시효 범죄를 저지른 후 일정한 기간이 지나면 검사의 공소권이 없어져 그 범죄에 대해서는 공소를 제기할 수 없는 제도.

구소련 소비에트 사회주의 공화국 연방이 해체된 후 연방을 통틀어 이를 때 쓰는 말.

국유화 나라의 소유가 됨. 또는 그렇게 되게 함.

국제연합(UN) 제2차 세계대전 후 국제 평화와 안전의 유지, 국제 우호 관계의 촉진, 경제적·사회적·문화적·인도적 문제에 관한 국제 협력을 달성하기 위하여 창설한 국제 평화 기구.

난민 인종, 종교 또는 정치적, 사상적 차이로 인한 박해를 피해 외국이나 다른 지방으로 탈출하는 사람들.

독재 1인 또는 소수에게 정치권력이 집중되어 있는 정치형태.

북대서양조약기구(NATO) 제2차 세계대전 후 동유럽에 주둔하고 있던 소련군과 군사적 균형을 맞추기 위하여 체결한 북대서양조약의 수행기구.

빅 브러더 정보의 독점으로 사회를 통제하는 관리 권력, 혹은 그러한 사회체계를 일컫는 말. 사회학적 통찰과 풍자로 유명한 영국의 소설가 조지 오웰(George Orwell, 1903~1950)의 소설 《1984》에서 비롯된 용어이다.

석기시대 돌을 이용하여 칼, 도끼 따위의 기구를 만들어 쓰던 시대. 인류 문화 발달의 첫 단계로 구석기 시대와 신석기 시대로 나눈다.

수니파 이슬람의 가장 큰 종파이자 정통파로서 예언자 무함마드의 언행인 순나(Sunnah)를 따르는 사람을 의미한다.

수세 적의 공격을 맞아 지키는 형세나 그 세력.

시아파 이슬람 세계에서 수니파 다음으로

큰 분파로 시아 이슬람이라고도 한다.

수용소 많은 사람을 집단적으로 한곳에 가두거나 모아 넣는 곳.

시위 특정한 요구사항을 관철시키기 위하여 다수인이 벌이는 집단행동.

식민지 정치적 · 경제적으로 다른 나라에 예속되어 국가로서의 주권을 상실한 나라. 경제적으로는 식민지 본국에 대한 원료 공급지, 상품 시장, 자본 수출지의 기능을 하며, 정치적으로는 종속국이 된다.

위임통치 제1차 세계대전 이후 전승국인 영국 · 프랑스 · 일본 등이 독일 · 터키의 식민지 및 여기에 준하는 영토에 대해서 국제연맹의 위임을 받아 행한 통치형태.

이슬람주의 이슬람 교리를 정치 · 사회 질서의 기본으로 삼아 이슬람교의 원점으로 돌아갈 것을 주장하는 이슬람화 운동을 말한다.

철권통치 쇠주먹으로 다스린다는 뜻으로, 폭력으로 국민을 억눌러 다스림을 비유적으로 이르는 말.

쿠데타 무력으로 정권을 빼앗는 일. 지배 계급 내부의 단순한 권력 이동으로 이루어지며, 체제 변혁을 목적으로 하는 혁명과는 구별된다.

하수인 남의 밑에서 졸개 노릇을 하는 사람.

찾아보기

내인생의책 은 한 권의 책을 만들 때마다
우리 아이들이 나중에 자라 이 책이 '내 인생의 책'이라고 말할 수 있는 책을 만들고자 합니다.

세상에 대하여 우리가 더 잘 알아야 할 교양
⑤⑦ 시리아 전쟁

김재명 지음

초판 발행일 2018년 4월 23일 | 2쇄 발행일 2019년 5월 30일
펴낸이 조기룡 | 펴낸곳 내인생의책 | 등록번호 제10-2315호
주소 서울시 성동구 연무장5가길 7 현대테라스타워 E동 1403호
전화 (02) 335-0449, 335-0445 (편집) | 팩스 (02) 6499-1165

ISBN 979-11-5723-387-8 (44300)
       978-89-97980-77-2 (세트)

이 도서의 국립중앙도서관 출판시도서목록(CIP)은 e-CIP 홈페이지(http://www.ml.go.kr/ecip)에서 이용하실 수 있습니다.
(CIP제어번호: 2018011488)

내인생의책에서는 참신한 발상, 따뜻한 시선을 가진 원고를 기다리고 있습니다.
원고는 내인생의책 전자우편이나 홈페이지를 이용해 보내 주세요. 여러분의 소중한 경험과 지식을 나누세요.

전자우편 bookinmylife@naver.com | **홈페이지** http://bookinmylife.com

어린이제품 안전 특별법에 의한 제품 표시

제조자명 내인생의책 | **제조 연월** 2019년 5월 | **제조국** 대한민국 | **사용연령** 5세 이상 어린이 제품
주소 및 연락처 서울시 성동구 연무장5가길 7 현대테라스타워 E동 1403호 (02) 335-0449 | **담당 편집자** 장인호

세더잘 52
가짜 뉴스 처벌만으로 해결이 될까?
금준경 지음

날로 큰 피해를 가져오는 가짜 뉴스, 반드시 처벌해야 한다.
Vs. 가짜 뉴스라고 무조건 처벌하면 표현의 자유를 해칠 수도 있다.

인류 역사의 시작부터 존재했다는 가짜 뉴스에는 어떤 것이 있을까요? 누가 만들며 어떤 목적으로 퍼뜨릴까요? 가짜 뉴스를 막기 위해 우리는 어떤 일을 해야 하고 또 하고 있을까요?

세더잘 51
동물원 좋은 동물원은 있을까?
전채은 지음

동물원은 동물을 위한 곳이다. 부작용은 받아들여야 한다.
Vs. 현재의 동물원은 인간의 이득을 위한 기관으로 변질되어 있다.

동물이 행복하지 못한데 그들을 바라보는 인간이 온전한 행복을 누릴 수 있을까? 동물원은 사람만의 공간이 아니다. 동물 종 보전과 동물 복지를 추구하는 기관이기도 하다. 과연 진정한 의미에서 '좋은 동물원'이란 무엇일까?

세더잘 50
젠트리피케이션 무엇이 문제일까?
정원오 지음

저소득층에도 삶을 개선할 경제적 기회를 부여하며, 도시가 활성화된다.
Vs. 도시에 대한 권리 침해이며, 지역의 경제 및 문화 생태계를 파괴한다.

젠트리피케이션은 지역 경제를 좀먹고 삶의 질을 해친다고들 한다. 반면 소득 재분배에 긍정적인 효과를 주며 경제 활성화를 유도한다는 주장도 있다. 시대의 변화에 따라 변화를 보는 관점은 다양할 수밖에 없다. 우리는 우리가 사는 도시를 어떻게 바라봐야 할까?

세더잘 49
아프리카 원조 어떻게 해야 지속가능해질까?
위문숙 지음

아프리카 원조는 아프리카를 위한 것이다.
Vs. 현재의 원조는 강대국의 배만 불릴 뿐이다.

어려움에 처한 아프리카를 도와야 하는 것은 당연한 일입니다. 하지만 그 방법이 오히려 강대국의 부만 늘려주고 있다면 어떨까요? 천문학적인 금액이 투입되어도 3,000원의 치료제가 없어 죽어가는 아이들이 생기는 건 어째서일까요?

세더잘 48

인플레이션 양적 완화가 우리를 살릴까?

홍준희 지음

인플레이션 10% Vs. 세금 10%
어느 쪽이 우리에게 더 유리할까요?

돈을 더 찍어서 시중에 푸는 정책과 세금을 더 거두어들이는 정책. 사람들은 당연히 첫 번째 정책을 선택합니다. 하지만 돈을 더 찍어내면 그만큼 물가가 올라 거둘 수 있는 세금 역시 늘어나고 말지요. 그렇다면 세금을 더 거두는 정책이 좋은 정책일까요? 이 책은 양적 완화와 인플레이션을 중심으로 우리가 경제에 관해 알고 있던 상식을 다시 한 번 생각해 보게 합니다.

세더잘 47

저작권 카피라이트냐? 카피레프트냐?

김기태 지음

저작권은 반드시 법으로 보호해야 한다.
Vs. 일정한 요건을 갖춘 경우에는 저작권자의 허락이 없더라도
　　저작물을 이용할 수 있도록 해야 한다.

저작권의 역사와 종류, 저작권으로 보호받는 저작물은 어떤 것들인지, 저작권의 자유 이용을 허용하는 CCL, 어떻게 저작권을 이용해야 하는지 인터넷 세대인 아동청소년들이 꼭 알아야 할 저작권에 대한 모든 지식을 알려 줍니다.

세더잘 46

청소년 노동 정당하게 일할 권리 어떻게 찾을까?

홍준희 지음 | 하종강 감수

청소년 보호를 위해 청소년 노동을 제한해야 한다.
Vs. 청소년의 노동 권리를 인정하고 안전하게 일할 수 있는
　　노동 현장을 제공하는 데 노력해야 한다.

최근 100여 년간 인류의 식량 생산량은 꾸준히 늘어났지만 세계 곳곳에서 기아에 시달리는 사람은 여전히 넘쳐납니다. 이 책에서는 기아의 원인과 현실 그리고 기아 퇴치를 위한 갖가지 방법을 풍부한 사례와 함께 다루고 있습니다.

세더잘 45

플라스틱 오염 재활용이 해답일까?

제오프 나이트 지음 | 한진여 옮김 | 윤순진 감수

친환경 플라스틱과 재활용으로도 충분히 플라스틱 오염을 막을 수 있다.
Vs. 플라스틱 오염의 근본적 대책은 플라스틱 사용을 금지하는 것이다.

플라스틱 탄생의 역사에서부터 플라스틱 생성 원리, 플라스틱 오염을 막기 위한 현실적인 대안들에 이르기까지 플라스틱을 둘러싼 역사적, 과학적, 사회적 주제들을 빠짐없이 다루고 있습니다.

세더잘 44
글로벌 경제 나에게 좋은 걸까?
리처드 스필베리 글 | 한진여 옮김 | 강수돌 감수

글로벌 경제는 인류의 삶에 풍요를 가져왔다.
vs 글로벌 경제는 빈부 격차를 확대하고 환경을 파괴할 뿐이다.

글로벌 경제란 국가 간 무역량이 늘어나면서 나라와 나라 사이의 경제 활동이 더 자유로워지고 상호 의존도 가 높아지는 경제를 말합니다. 글로벌 경제는 그동안 인류의 삶을 풍요롭게 하는 데 큰 역할을 했지만 한편으 로는 환경 파괴나 노동 소외 등의 문제를 불러 일으켰습니다. 과연 글로벌 경제는 나의 삶에 좋은 것일까요?

세더잘 43
제노사이드 집단 학살은 왜 반복될까?
마크 프리드먼 글 | 한진여 옮김 | 홍순권 감수

제노사이드는 정치 권력자의 범죄이므로 이들을 확실하게 처벌하면 재발을 막을 수 있다
vs 제노사이드는 국제사회(UN)와 개인들이 힘을 모아야 근절시킬 수 있다

인류 역사에는 한 민족이 다른 민족을 집단으로 학살하는 비극이 지속적으로 발생해 왔습니다. 아르메니아 대학살부터 아우슈비츠 학살까지 역사는 되풀이됩니다. 과연 제노사이드는 어떻게 막을 수 있을까요? 주동 자를 처벌하면 될까요? 국제 사회의 노력이 필요할까요?

세더잘 42
다문화 우리는 단일민족일까?
박기현 글 | 변종임 감수

우리는 단일민족이기 때문에 다문화 사회로의 전환이 원칙적으로 어렵다
vs 우리는 원래 다문화 사회였기 때문에 행복한 다문화 사회를 만들 수 있다

최근 한국 사회에도 다문화 가정이 많이 늘어나는 추세입니다. 하지만 여전히 다른 인종과 다른 민족에 대한 편견과 차별이 존재하고 있는 것이 현실이지요? 과연 한국은 다문화 사회로의 성공적인 전환이 가능할까요?

세더잘 41
빅데이터 빅브러더가 아닐까?
질리 헌트 글 | 이현정 옮김 | 최진 감수

빅데이터는 새 시대를 열어 줄 신기술이므로 적극적으로 활용할 제도를 구축해야 한다.
vs 개인 정보 유출 등의 빅브러더 문제를 막으려면 데이터 활용을 적절히 규제해야 한다.

식품 산업에서부터 스포츠 경기에 이르기까지 빅데이터 기술을 활용한 시장 분석은 인류 생활에 큰 변화를 가져왔지요. 그런데 정보를 수집하는 빅데이터 기술의 특성상 개인 정보의 침해라는 인권 문제도 함께 제기 되고 있어요. 과연 신기술은 어디까지 허용되어야 할까요?

세더잘 40
산업형 농업 식량 문제의 해결책이 될까?
김종덕 글

산업형 농업은 인류의 식량난을 해결한 획기적이고 효율적인 농업 방식이다.
vs 환경 오염이 심해지고 우리의 건강이 위협받고 있어 다른 대안을 찾을 때다.

인구 증가가 가속화되면서 인류는 식량 문제에 직면하고, 그 해결책으로 마치 공장에서 찍어내듯 대량으로 농작물을 경작하는 산업형 농업이 등장했습니다. 산업형 농업은 인류의 굶주림을 어느 정도 해결해 주었지만, 환경오염이라는 다른 문제점을 낳았습니다. 과연 인류는 산업형 농업 외에 다른 대안을 찾아야 할까요?

세더잘 39
기아 왜 멈출 수 없을까?
앤드루 랭글리 글 | 이지민 옮김 | 마이클 마스트란드리 · 김종덕 감수

식량 생산량 증가를 통해 기아 문제를 해결할 수 있다.
vs 부패한 정치와 거대 자본에 휘둘리지 않는 공정한 분배를 실현해야 한다.

지금도 세계 도처에서는 8억 명이 넘는 사람들이 하루하루 끼니를 근심하며 살아가고 있습니다. 기아는 인간의 존엄을 뒤흔드는 심각한 문제입니다. 가난과 함께 대물림된다는 점에서 더욱 큰 문제이지요. 우리가 어느 누구도 굶어 죽는 일 없는 미래를 찾아 낼 수 있을까요? 어떻게 하면 기아가 기아를 부르는 악순환을 끊을 수 있을까요?

세더잘 38
슈퍼박테리아 과학으로 해결할 수 있을까?
존 디콘실리오 글 | 최가영 옮김 | 송미옥 감수

항생제 사용 제한이 가장 강력한 슈퍼박테리아 퇴치 방안이다.
vs 획기적 새 항생제 개발만이 슈퍼박테리아를 퇴치할 수 있다.

인류에게 새로운 공포의 대상으로 떠오르는 슈퍼박테리아는 항생제에 내성이 생겨 쉽사리 죽지 않는 변종 박테리아입니다. 슈퍼박테리아의 위험에서 벗어나기 위해서는 이제부터라도 항생제 사용을 줄여야 한다는 의견부터 슈퍼박테리아를 퇴치할 수 있는 새로운 항생제 개발에 노력을 기울여야 한다는 의견까지 여러 주장이 팽팽히 맞서고 있습니다. 슈퍼박테리아 감염으로부터 우리 자신을 지키는 가장 적절한 해결책은 무엇일까요?

세더잘 37
스포츠 윤리 승리 지상주의의 타개책일까?
로리 하일 글 | 이현정 옮김 | 김도균 감수

스포츠의 궁극적인 목적은 경쟁에서 우위를 점하고 승리를 거두는 것이다.
vs 승리도 중요하지만 스포츠의 본질을 해쳐서는 안 된다.

운동선수 중에는 승리에 대한 집착이 심해진 나머지 규정을 어기면서 편법을 사용하고 심지어 금지 약물까지 복용하는 이들이 있습니다. 지나친 승리 지상주의에 빠진 결과이지요. 그렇다면 승리 지상주의에서 벗어나 진정한 스포츠 정신을 지키기 위해 어떻게 해야 할까요? 스포츠 윤리가 그 해답이 될 수 있을까요?